Sebastian Pertsch · Udo Stiehl
»Ihr Anliegen ist uns wichtig!«

PIPER

Zu diesem Buch

Floskelwolke.de ist ein sprach- und medienkritisches Webprojekt, mit dem die beiden Autoren Sebastian Pertsch und Udo Stiehl seit 2014 den täglichen Gebrauch von Phrasen, Floskeln und Formulierungen in deutschsprachigen Medien analysieren. Die Autoren betreiben das nicht-kommerzielle Projekt ehrenamtlich. Die »Floskelwolke« wurde 2015 mit dem »Günter-Wallraff-Preis für Journalismuskritik« ausgezeichnet und für den »Grimme Online Award« nominiert.

Udo Stiehl, geboren 1970 in Köln, ist freiberuflicher Hörfunk-Redakteur und Sprecher. Er arbeitet seit knapp 20 Jahren für die Nachrichtenredaktionen des WDR und des Deutschlandfunks. Bis zur Einstellung des deutschsprachigen Radioprogramms gehörte er außerdem dem Sprecherensemble der Deutschen Welle an. Seine Leidenschaft für sprachliche Präzision und redaktionelle Sorgfalt gibt er in Seminaren weiter und schreibt darüber regelmäßig in seinem Blog und in Fachzeitschriften. Udo Stiehl lebt in Köln.

Sebastian Pertsch, geboren 1981 in Berlin, ist freiberuflicher Journalist, arbeitet als Dozent, Autor und Sprecher – und war langjähriger Nachrichtenredakteur im Hörfunk. Für Print und Online schreibt er über Journalismus, Sprache, Kultur und Technik, führt leidenschaftlich gerne Interviews, spricht und produziert regelmäßige Hörfunksendungen, arbeitet als Pädagoge mit Kindern und Jugendlichen und betreut als Entwickler mehrere Webseiten. Beruflich führte es Sebastian Pertsch nach Afghanistan und Süd-Frankreich sowie nach Nordrhein-Westfalen und Rheinland-Pfalz. Er lebt in Berlin.

Sebastian Pertsch · Udo Stiehl

»Ihr Anliegen ist uns wichtig!«

So lügt man mit Sprache

Von den Machern der Floskelwolke

PIPER
München Berlin Zürich

Mehr über unsere Autoren und Bücher:
www.piper.de

MIX
Papier aus verantwor-
tungsvollen Quellen
FSC® C083411

Originalausgabe
1. Auflage März 2016
2. Auflage Januar 2017
© Piper Verlag GmbH, München/Berlin 2016
Umschlaggestaltung: semper smile Werbeagentur GmbH, München
Umschlagabbildung: shutterstock/Legolena
Satz: Satz für Satz, Wangen im Allgäu
Gesetzt aus der Arno Pro
Druck und Bindung: CPI books GmbH, Leck
Printed in Germany   ISBN 978-3-492-30784-0

Inhalt

Vorwort

Es fängt schon damit an, dass es keine verlässlichen wissenschaftlichen Zahlen darüber gibt, wie oft der Mensch täglich lügt. Eine häufig genannte Größe ist 200 Mal, das soll bei Studien herausgekommen sein. Wir haben aber auch Untersuchungen gefunden, die auf gerade mal zwei Lügen pro Tag kommen. Irgendjemand lügt doch da. Gewundert haben wir uns darüber allerdings nicht. Denn wir sind beide Nachrichtenredakteure und haben es regelmäßig mit teils abenteuerlichen Versuchen zu tun, die Wahrheit mit Nebelkerzen zu verschleiern. Und das funktioniert nicht nur mit Studien ganz wunderbar.

Weil das Radio unsere Heimat ist, treiben wir Herden von Kamelen durch die sprichwörtlichen Nadelöhre. Radio ist nämlich erstens ein so genanntes *Nebenbeimedium* – man darf also nicht davon ausgehen, dass die Hörer die ganze Zeit konzentriert lauschen. Und zweitens kann man Radio nicht zurückspulen. Wer eine Textpassage in der Zeitung nicht sofort verstanden hat, der liest sie einfach noch mal. Das geht beim Radio nicht. Deshalb ist gerade die Sprache in Hörfunknachrichten ein Spezialgebiet. Da begegnen einem mit verblüffender Verlässlichkeit so einige Knüller, die wirklich gleich zusammengeknüllt in den Redaktionspapierkorb fliegen sollten. Während Udo Stiehl dieser Kunst in öffentlich-rechtlichen Sendern frönt, stand Sebastian Pertsch vor allem an den Nachrichtentischen von Privatsendern. Und egal, aus welchem Blickwinkel man es betrachtet: Beim anderen weht sprachlich meist ein ganz anderer Wind – um gleich mal ein schiefes Bild zu benutzen.

Wir sind beide weder Germanisten noch Linguisten, und dennoch verbindet uns mehr als uns trennt. Denn wir sehen uns als Sprachliebhaber. Gemäßigt, selbstverständlich. Deshalb halten Sie statt einer wissenschaftlichen Arbeit eine Art Reiseführer in den Händen, der Ihnen die Orientierung im alltäglichen Sprachnebel erleichtern soll. Auch wenn wir davon abgesehen haben, in großen Buchstaben »Keine Panik« auf das Cover zu schreiben, haben wir als Reiseleiter für das Buch den Redaktionstisch verlassen und sind mit offenen Augen und Ohren losgezogen. Mitleid möchten wir bitte nicht – wir sind dank unzähliger Politikerreden, Interviews und Pressemitteilungen einiges Elend gewöhnt. Nein, wir möchten mit Ihnen unser Erstaunen teilen. Wir hatten nicht erwartet, ausgerechnet in Badezimmern, Fortbildungszentren und schnöden S-Bahnen auf Berge sprachgepanschter Fundstücke zu stoßen, während es in Politik, Wirtschaft und im Sport – das versteht sich fast von selbst – ein gefundenes Fressen für uns war, Lug und Trug zu entlarven.

Bei unserem immer mit einem Augenzwinkern versehenen Reiseführer sind wir an mancher Stelle durchaus pedantisch, aber nicht puristisch. In einer lebendigen Sprache entstehen immer wieder neue Begriffe, manchmal auch aus anderen Sprachen importiert. Deshalb sind aber nicht automatisch alle Anglizismen giftig, nicht jeder Fachbegriff ist gelebtes Besserwissertum, und Sprachbilder sind nicht grundsätzlich schief aufgehängt. Wörter sind per se neutral, erst ihr Gebrauch wertet sie auf oder ab. Zur puristischen Sichtweise ist bereits reichlich Papier bedruckt worden. Und noch eine Knöllchensammlung der Sprachpolizei, noch ein weiteres strenges Nachschlagewerk der in Stein gemeißelten Schlaumeierei-Regeln braucht kein Mensch. Wir finden Veränderungen der Sprache grundsätzlich gut. Wir sind präzise, aber keine Korinthenkacker. Ein schmaler Grat, das wissen wir auch.

Mit diesem Buch versuchen wir einen anderen Weg zu gehen und möchten Sie neugierig machen auf die täglichen Versuche, Sie mit Floskeln, Phrasen und anderen fragwürdigen Formulierungen einzulullen und Ihnen dabei im schlimmsten Fall eine glatte Lüge unterzujubeln. Unser kleines Buch soll Sie sensibilisieren für allgegenwärtige Schönfärbereien und Worthülsen, und vielleicht gelingt es uns sogar, Sie für die oft ganz unfreiwillige Komik so mancher

Formulierung zu begeistern und gegen die sprachpanschenden Verschleierungstaktiker aus der Politik zu rüsten.

Wie uns das gelingt? Thomas de Maizière würde sagen: »Ein Teil dieser Antworten würde die Bevölkerung verunsichern.«

Abk.

Simsen Sie eigentlich noch? Bzw. SMSen oder Essemessen Sie? Es ist nicht immer einfach mit den Abkürzungen, sei es, sie richtig auszusprechen oder auch, ihre Bedeutung zu entschlüsseln. Bei den Kurzmitteilungen dürfte noch jeder verstehen, worum es geht. SMS ist als Bezeichnung so geläufig wie »C107-süß-sauer« im China-Restaurant oder »FB« für Friedberg – oder war das jetzt Facebook?

Und wenn Sie mit sozialen Medien nicht vertraut sind, was ist DMen? Es wird *Deemmen* ausgesprochen und hat weder mit einer Drogerie-Kette zu tun, noch führt es die D-Mark wieder ein. Die DM ist eine *Direct Message*, eine direkte Nachricht an einen anderen Nutzer, die niemand sonst lesen kann.

Verwechslungen können da schon mal ins Auge gehen, vor allem, wenn Sie sich gerade auf britischem Boden bewegen und sich irritiert fragen, was die Rote Armee Fraktion im Vereinigten Königreich immer noch treiben mag. Die macht da gar nichts, aber die RAF ist dennoch allgegenwärtig, denn in Großbritannien tut die Royal Air Force ihren Dienst und firmiert dort unter der Abkürzung RAF.

Und gab es von einer der größten Rundfunkanstalten der Welt wirklich Heizlüfter? Ein historisches Modell der BBC tut noch immer seinen Dienst bei Mutter zu Hause, nachdem es Zehntausende Kilometer im Wohnwagen die Welt bereiste, um das Vorzelt zu heizen. Nur ist es eben nicht die British Broadcasting Corporation, die da heiße Luft produziert, sondern die Brown Boveri Compagnie – ein ehemaliger Schweizer Elektrotechnikkonzern.

Und jetzt kommen auch noch die Hashtags ins Spiel. Für alle Leser, die mit dem Internetdienst Twitter nicht so vertraut sind: Das sind kurze Schlagworte, mit denen ein Thema gekennzeichnet wird, um es einem Diskussionsfluss zuzuordnen. Weil Twitter maximal 140 Zeichen pro Meldung zulässt, muss alles möglichst kurzgefasst sein. Deshalb entstehen Hashtags wie z. B. #grexit.

Das Doppelkreuz (oft fälschlich als Raute bezeichnet) ist technisch bedingt bei Twitter und unerlässlich. Das Konstrukt dahinter aber ist die radikale Verkürzung von »Griechenland« und »Exit« im Zusammenhang mit einem möglichen Austritt aus der Euro-Zone.

Und weil das so schön kurz ist, schwappen solche Kunstbegriffe auch gerne mal in Überschriften hinein. Nur erscheinen die oft in Medien, deren Leser schon mit dem Fachbegriff »Hashtag« nichts anfangen können. Was hilft denen nun ein Artikel, der mit »FAQ zu Grexit-Risiken« überschrieben ist? Schon wieder was mit »Fuck«? Wird das neuerdings mit Q geschrieben? Ist dieses *Grexit* apothekenpflichtig?

Für Leser, die nicht permanent auf ihr Smartphone starren und arglose Passanten über den Haufen rennen, schnell eine Auflösung: FAQ ist kein Schweinskram, sondern die Abkürzung für »Frequently Asked Questions«, also oft gestellte Fragen.

Und wenn Sie mal wieder ein »Gate« in Ihrem Leib- und Magenblatt entdecken, bleiben Sie bitte entspannt. Der Redakteur hat vermutlich gerade an einem der unzähligen Konferenzen zur »Zukunft des Journalismus« teilgenommen und einem der ebenfalls unzähligen »Internet-Gurus« Glauben geschenkt. Denen zufolge liegt die Zukunft ohnehin nur im Internet, also warum nicht gleich die dort gängigen Abkürzungen benutzen?

Blöd nur, dass die meisten Internetnutzer nicht gleichzeitig Internetspezialisten sind. Und die können mit einem #bendgate (verbogene Mobiltelefone, nachdem man sich draufgesetzt hat) genauso wenig anfangen, wie mit vielen anderen #gates. Mag es inzwischen im Internet ein fester Begriff für »Affäre« oder »Skandal« geworden sein – der größte Teil der Hörer, Zuschauer und Leser bringt mit Gate erst einmal nur eines in Verbindung: Da muss ich mich anstellen, um in mein Flugzeug einzusteigen.

Was fällt Ihnen auf den zweiten Blick zu »ICE« ein? Nein, nicht die Züge, deren Klimaanlagen im Sommer regelmäßig streiken und deren Waggons sich in rollende Saunen verwandeln. Die Rede ist von der englischen Abkürzung für »In Case of Emergency«, die sich seit rund zehn Jahren auch im Deutschen einschleicht. Vor allem im Handy. Die Idee ist grandios: Bei einem Unfall oder Unglücksfall sollen

Rettungskräfte die nächsten Angehörigen verständigen. Dafür legen Sie im Handy einen zusätzlichen Telefonbucheintrag an, betiteln ihn aber mit ICE, in deutschsprachigen Ländern alternativ auch mit IN für »im Notfall«. Statt alle Nummern durchzugehen, springt der Feuerwehrmann schnell zu ICE oder IN und wählt die Nummer.

Doch obwohl Feuerwehr, Polizei und die Hilfsorganisationen davor warnen und eher empfehlen, in der Geldbörse zwei, drei Kontakte schriftlich zu hinterlegen, bleibt ein technischer Aspekt beim ICE-Verfahren unerwähnt: Nur die wenigsten Rettungskräfte können überhaupt auf die Nummer zugreifen. Denn spätestens mit der Smartphone-Generation sind die meisten Mobilfunkgeräte mit einem Passwort oder Erkennungsmuster vor Zugriff geschützt. So bleibt die Idee, die es mittlerweile sogar zu einer Norm der Internationalen Fernmeldeunion (ITU) geschafft hat, eine hübsche, aber wirkungslose Idee.

Bereich

»Im Bereich der Haltestelle Hauptbahnhof kommt es zu Fahrzeitverlängerungen und geänderten Abfahrtzeiten.« Mit anderen Worten: Der Bus zum Bahnhof fährt nicht pünktlich. Oder im Bahnhof, am Bahnhof und um den Bahnhof herum kommt jetzt alles vom ICE bis zum Fahrrad zu spät. Man weiß es nicht. Vielleicht lässt sich das Problem im Bahnhofsbereich ja in diesem Buchbereich lösen. Der Bereich ist kein Wort, er ist der Herpes der deutschen Sprache. Man fängt ihn sich ein und wird ihn nicht mehr los. Geht leicht über die Lippen und ist dabei hochansteckend. Die Infektionsrate konnte bisher nicht eingedämmt werden.

Sehr weit ausgebreitet hat sich der Bereichs-Herpes zum Beispiel bei Maklern. Das sind die, die im Immobilienbereich arbeiten, weil ihnen das Wort Branche entfallen ist. Und die Sie bei einer Wohnungsbesichtigung durch den Eingangsbereich über den Essbereich in den Wohnbereich führen, anschließend den Kochbereich zeigen und zum Schluss den Sanitärbereich – also Sie auf 30 Quadratmetern durch den Flur in die Essecke des Wohnzimmers und dann an der Kochnische vorbei ins Bad schleusen.

Möglicherweise haben an diesen Wohnungsbesichtigungen auch viele Mitarbeiter der Ordnungsbehörden teilgenommen. Die Polizei meldet einen Unfall »im Bereich der Lindenstraße« und befindet sich dort doch nur im Einsatz. Die Feuerwehr löscht einen Papiercontainer an einer Straßenkreuzung, berichtet aber von einem »Brand im Kreuzungsbereich«. Und das Ordnungsamt lässt einen Wagen aus dem Einfahrtsbereich abschleppen, weil er vor der Einfahrt stand.

Der Fahrer war übrigens gerade im Supermarkt, nur mal schnell eine Pizza aus dem TK-Bereich holen, ist dann aber im Kassenbereich aufgehalten worden. Sein Auto ist inzwischen auf dem Weg in den Abholbereich des Abschleppdienstes. Er selbst steht jetzt im Automatenbereich und hebt Geld ab, um sein Auto auszulösen.

Der Bus zum Bahnhof ist übrigens immer noch nicht da. Fahrgäste stehen weiterhin im Herbststurm, und es regnet ihnen vertikal in den Nacken, das Haltestellenhäuschen hat nämlich ein geschwungenes Designerdach. Soll ja schließlich nach was aussehen, dieser Wartebereich.

Offensive

Man muss kein Fußball-Freund sein, um zu bemerken, dass besonders im Sport viele Begriffe verwendet werden, die ihren Ursprung auf dem Schlachtfeld haben. Angriff und Verteidigung gehören ebenso zum Standardvokabular wie Sieg und Niederlage. Manchmal schwappt ein Kriegsbegriff aber in den allgemeinen Sprachgebrauch über, und dann gibt es kein Halten mehr. Die Rede ist von der Offensive.

Es ist schon verblüffend, wer da mit was in die Offensive geht, nur weil dieses Wort so wunderbar aktiv und wichtig klingt – und diese Kombinationsmöglichkeiten! Sehr gerne genommen wird die Qualitätsoffensive. Ihre Firma plant, die Zahl der Kundenbetreuer zu verdoppeln? Von einem auf zwei Mitarbeiter? Die Bahn kündigt an, pünktlicher zu fahren – und zwar sogar im Nahverkehr? Und der Supermarkt will künftig noch frischeres Gemüse anbieten, weil er von Ihnen unbemerkt noch mehr Ware nach kurzer Zeit in den Müll wirft? Das alles lässt sich perfekt als Qualitätsoffensive verkaufen.

Aber haben Sie es bemerkt? Die Offensive klingt lediglich nach einem gewaltigen Fortschritt. Allerdings sind das
alles nur Ankündigungen und Absichtserklärungen. Das
Ergebnis lässt sich meist auch nicht überprüfen, denn Sie
werden weder die Kundenbetreuer nachzählen können
noch die Statistiken aller Züge auswerten, und zum Müll-
container der Gemüseabteilung dürften Sie auch keinen
Zugang erhalten.

Es ist also eigentlich egal, was nach außen gerade besonders hervorgehoben werden soll: Service-Offensive,
Freundlichkeits-Offensive, Wohlfühl-Offensive, die Liste
könnte noch lange fortgeschrieben werden. Manchmal aber
geht es daneben. Denn wenn der Unternehmensvorstand
beschließt, in die Preisoffensive zu gehen, dann ist das Ziel
klar: Mehr Umsatz und mehr Gewinn sollen erzielt werden,
das Produkt wird teurer verkauft. Die Kunden aber verstehen unter einer Preisoffensive genau das Gegenteil und
erwarten sinkende Preise. Dumm gelaufen. Lässt sich aber
noch steigern.

Dazu kombinieren findige Spezial-Experten die Offensive zu einer Art Experten-Special, und heraus kommt: die
Modernisierungs-Offensive. Die ist in etwa so aussage-
kräftig wie eine Zukunfts-Offensive – wirkt aber dafür besonders imposant, denn solche Begriffszeppeline verfügen
gleich über zwei Heißluftkammern. Einmal die Offensive an
sich, die für Einsatz, Vorstoß und auch Angriff steht. Dazu
die Modernisierung, die ebenfalls sinngemäß Gleiches sig-
nalisiert. Kombiniert also einfach nur doppelt gemoppelt,
was ein kleiner Test ergibt: Tauschen Sie einfach mal die

beiden gekoppelten Wörter um, und machen Sie aus Modernisierungs-Offensive eine Offensiv-Modernisierung. Das Ergebnis ist gleich, genau wie es die Spezial-Experten wollten. Sind ja schließlich auch Experten-Spezialisten.

Offenbar angeblich scheinbar

Offenbar hat es den Anschein, dass Sie dieses Buch lesen. Das ist bewusst sehr vorsichtig ausgedrückt, denn möglicherweise halten Sie auch einen eBook-Reader in der Hand – vermutlich, jedenfalls wäre das denkbar. Beruhigend aber ist, dass Sie so freundlich sind, diese Zeilen immerhin anscheinend und nicht nur scheinbar zu lesen. Ihre Augen bewegen sich von links nach rechts. So erwecken Sie zumindest den Anschein, an diesen Zeilen interessiert zu sein. Sie lesen anscheinend.

Sorgen würden eher aufkommen, wenn Sie dieses Buch nur scheinbar lesen und tatsächlich nur hinterlistig das Cover ausgetauscht haben. Ganz alte Masche: Außen glänzt die Titelseite eines seriösen Nachrichtenmagazins, und innen liegt das Hochglanzblatt mit dem Centerfold, das Sie selbstverständlich nur wegen der Interviews lesen. Diese Vorsicht in den Formulierungen hat Gründe. Man will sich möglichst nicht festlegen, die Information ist noch nicht zu 100 Prozent bestätigt, oder – auch das ist alltäglich – es soll ein Gerücht in die Öffentlichkeit getragen werden. Und wenn das erst mal im Umlauf ist, dann lässt es sich nur mit großer Mühe dementieren. Funktioniert übrigens wie der *Flurfunk* in jedem Unternehmen: »Der soll ja …«, »hab ich auch schon gehört« oder »sieht ganz so aus«.

Nun ist man in manchen Situationen tatsächlich nicht absolut sicher. Zum Beispiel bei Fotos, die im Internet kursieren. Da ist es durchaus angebracht, einen gewissen Zweifel in der Formulierung mitschwingen zu lassen. Oft heißt es dann: »Im Internet sind angebliche Bilder des Täters aufgetaucht.« Wobei das mit den angeblichen Bildern natürlich Quatsch ist. Es handelt sich zweifellos um Bilder. Nur was sie zeigen, steht in Frage. Das liegt doch mehr als auf der Hand, also offenbar eher auf dem Arm, angeblich sogar auf der Schulter. Und jetzt hängt auch noch das Bild schief.

Verständnis

Jetzt ist aber Feierabend. Den ganzen Tag geackert und dabei mit Vorfreude die Konzertkarten in der Tasche spazieren getragen. Also rein ins Auto und ab nach Hause. Das geht fix, denn über die Autobahn dauert es gerade mal 20 Minuten. Das Timing passt also. Genauer gesagt: hätte gepasst. In bester deutscher Gründlichkeit kommt nämlich das Elend dem Auto näher: 100 km/h, 80 km/h, 60 km/h, Baustelle. Geschwindigkeits- und Blutdruckkurve verlaufen diametral entgegengesetzt. Was zum Teufel soll das jetzt? Ausgerechnet heute muss hier eine Tagesbaustelle wandern?

Das mit den 60 Stundenkilometern war ein schlechter Scherz. Nicht nur, dass es Kilometer pro Stunde sind und nicht Stundenkilometer, wie es seit Jahrzehnten falsch heißt, sondern auch, dass auf der großzügig auf zwei Meter bemessenen Fahrspur die Kolonne gerade mal mit knapp 40 km/h vorankriecht. Und das zieht sich. Nach 20 Minuten naht die Erlösung, endlich. Der Blutdruck könnte jetzt wieder sinken, das Gegenteil passiert. Denn dieses Schild, dieses letzte Schild vor der freien Fahrt, treibt die Zornesröte ins Gesicht: »Vielen Dank für Ihr Verständnis«, heuchelt es von der Blechtafel. Wie bitte? Was für eine Frechheit! Genötigt von so einer zeitraubenden Baustelle – welches Verständnis?

Rasenmähen im Mittelstreifen während des Berufsverkehrs? Weil es keinen Aufschub duldet, das Grün zu pflegen, wenn weniger los ist? Nein, es ist vielmehr eine Unverschämtheit, Verständnis einfach so vorauszusetzen, um sich dann auch noch dafür zu bedanken. Diese sprachliche Mogelpackung, kunstvoll verziert mit gespielter Höflichkeit, ist eine Provokation. Aber sie funktioniert. Überall. Ihr ICE wird mit +50 Minuten angezeigt? »Leider können nicht alle Anschlusszüge erreicht werden. Wir danken für Ihr Verständnis«, flötet die Zugchefin durch die Lautsprecher. Für dieses Verständnis von Verständnis hat niemand Verständnis.

Wenn die Formulierung doch ernsthaft und höflich gewählt werden würde: »Die Kuh ist endlich vom Gleis, aber jetzt haben wir 50 Minuten Verspätung. Wir *bitten* um Ihr

Verständnis.« Man könnte es sich gefallen lassen, wenn um das Verständnis gebeten wird. Dann läge die Entscheidung bei jedem Einzelnen, ob für den verpassten Anschluss dank des Rindviechs Verständnis aufgebracht wird. Möglicherweise könnte man sich sogar entschuldigen. Aber das ist eine andere Baustelle.

Flexibel

Wer schon einmal das zweifelhafte Vergnügen hatte, mit einem Flugzeug in starke Turbulenzen zu geraten, der misst dem Begriff Flexibilität eine neue Bedeutung zu. Denn der Blick aus dem Fenster, so denn überhaupt noch gewollt, zeigt: So eine Tragfläche kann sich ganz schön biegen – und doch bricht sie nicht ab. Es macht die Rüttelreise nicht angenehmer, aber tatsächlich macht es einem Flugzeug nichts aus, dass seine Flügel so sehr belastet werden. Die Hersteller der Maschinen verbiegen die Tragflächen in Tests sogar um das Anderthalbfache dessen, was überhaupt im Flugbetrieb denkbar ist – und die Konstruktion hält. Sie ist eben flexibel.

Bedenklich ist, dass aus flexiblem Material gerne auf ähnliches Verhalten von Menschen geschlossen wird. Kaum ein Stellenangebot, in dem nicht Flexibilität vorausgesetzt wird – zeitlich, inhaltlich und natürlich auch finanziell. Die wissenschaftlich getesteten Tragflächen sind in der Geschichte der modernen Luftfahrt bisher nie durch Verbiegen zu Bruch gegangen. Bei beruflicher Flexibilität jedoch spielen physikalische Gesetze keine Rolle.

Denn was verbirgt sich hinter »zeitlich flexibel«? Im besten Fall gibt es Arbeitszeiten, die selbst gewählt werden können, im schlimmsten Fall aber bedeutet dieselbe Formulierung, dass Sie rund um die Uhr einsatzbereit sein müssen. Ähnlich funktioniert die inhaltliche Flexibilität, die nichts anderes meint, als dass Sie Ihre persönlichen Ansichten möglichst zu Hause lassen sollten. Und finanziell flexibel ist eine ebenso durchsichtige Masche, wie sie auch Hütchenspieler an der Straßenecke betreiben: Am Ende steht ein Gewinner, nur sind Sie es ganz gewiss nicht. Die finanzielle Flexibilität ist immerhin im Geldbeutel nachzählbar.

Weil sich solche Begriffe rasch abnutzen, kommen manchmal Synonyme ins Spiel. Und dann wird es doch eine Umdrehung zu absurd; der Versuch der Schönfärberei schlägt ins Ironische um – spätestens bei Konstruktionen wie moralisch elastisch (mir doch egal). In Österreich wurde jüngst die Bezeichnung »situationselastisch« zum Wort des Jahres. Und da muss man auch erst mal daraufkommen, wenn man sich von denen abheben möchte, die sich für flexibel halten.

Trotz der neuen Elastizität hat flexibel längst nicht ausgedient. In verkürzter Form hat es eine neue Karriere angetreten, und zwar als Flexi. Das lässt sich einfach zu gut als Anstrich für Modernität einsetzen. Wie flexi sind Sie? Wer als Rentner länger arbeiten möchte, auch wenn bereits die Altersbezüge auf dem Konto eintreffen, der ist nicht etwa weiterhin berufstätig. Nein, er ist ein Flexi-Rentner. Und wenn es nicht gelingt, den Anteil von Frauen in Führungs-positionen auf eine genaue Zahl festzulegen, dann ist die Flexi-Quote die vermeintliche Lösung. Selbst im öffent-lichen Nahverkehr versprüht der Flexi-Blender seine Ge-dankennebel. Ein Bus, der aus wirtschaftlichen Gründen nur noch auf Anforderung der Fahrgäste seine vorgesehe-nen Haltestellen anfährt, ist längst nicht mehr ein Sammel-taxi, nein, Sie ahnen es: ein Flexi-Bus. Klingt toll, oder?

Und jetzt bauen wir das mal zu einer kleinen Gegenprobe zusammen. Was würden Sie sagen, wenn sich Ihnen jemand als Elastik-Rentner vorstellt, die Dame gegenüber die Vor-züge der Elastik-Quote preist und Sie gerade aus dem Elas-tik-Bus gestiegen sind? Jetzt seien Sie doch mal flexibel!

Sünder

Willkommen im Club der Sünder. In diesem Club sind wir alle Mitglied, manche als seltene Besucher, andere als Stammgäste. Natürlich befindet sich das Etablissement stan-desgemäß in einer Bausünde, was allerdings nicht immer die Stimmung hebt. Vor allem, wenn wieder einmal Sprach-sünder zu Gast sind. Das sind diese zweifelhaft Kreativen, die alle Möglichkeiten der deutschen Sprache ausreizen und leidenschaftlich neue Komposita erfinden. Besonders sol-che, die mit »Sünder« enden.

»Sünder« passt nämlich fast immer. Zum Beispiel der

Clubbesucher, der extra mit dem Auto kommt, um auf dem Weg noch als Verkehrssünder auf sich aufmerksam zu machen. Vorausschauend hat er seinen Wagen zunächst als Parksünder direkt vor der Einfahrt abgestellt. Und er ist ein echter Profi-Sünder, denn er schnallt sich grundsätzlich nicht an. Nur so schafft er es auch als Gurtsünder in den Polizeibericht, und das dann gleich in mehreren Rubriken. Der Verkehrssünder kennt alle Tricks, brettert mit Vollgas über die große Kreuzung und punktet gleich dreifach: als Handysünder, als Temposünder und auch noch als Rotlichtsünder! Winkt dann vor ihm noch eine Kelle aus dem Seitenfenster, Bingo! Einmal pusten, bitte, und der Status Alkoholsünder ist auch noch erreicht.

Falls Sie jetzt Lust bekommen haben, selbst ein paar kleine Sünden auf der Straße zu begehen, warten Sie bis zum nächsten »Blitzmarathon« der Polizei. Der ist zwar eigentlich ein »Lasermarathon«, weil die tragbaren Messgeräte gar nicht blitzen. Aber Ihren »Lappen« sind Sie trotzdem los. Um eine weitere Anzeige zu vermeiden, bleiben Sie bitte nach dem Aussteigen auf jeden Fall vollständig bekleidet. Es ist ein »Blitzmarathon« – kein »Blitzermarathon«.

Im Club treffen sich übrigens auch regelmäßig die Umweltsünder. Mit dem Bleifuß auf dem Gaspedal haben sie sich längst als CO_2-Sünder qualifiziert. Sie freuen sich diebisch, wenn sie von Umweltschützern deshalb als Abgassünder bezeichnet werden, und der sprachliche Olymp ist erreicht, wenn sie auf die globale Ebene gehoben werden: Klimasünder. Dazu haben die Umweltsünder auch zu Hause alles richtig gemacht. Keine Energiesparlampen im Haus:

Stromsünder! Die alte Waschmaschine in den Wald gebracht: Abfall- und Müllsünder!

Das klingt harmloser, als es ist? Stimmt, denn das ist die Intention dahinter. Wenn zum Beispiel der Medienberater in der hauseigenen Schönfärberei wieder besonders weiße Westen hergestellt hat. Würden Sie als Veranstalter der *Tour de France* öffentlich davon sprechen, es seien in diesem Jahr wieder einige Betrüger mitgefahren? Natürlich nicht, rät der PR-Fachmann. Und wenn Sie schon gezwungen sind, zu den jüngsten Berichten über Doping Stellung zu nehmen, dann kommt die Strategie der Verharmlosung zum Einsatz: Bitte weisen Sie darauf hin, dass es sich bei dem »Dopingsünder« um einen Einzelfall handelt.

Diese Strategie geht erstaunlich oft auf, weil die Wortwahl aus Pressemitteilungen und Statements unreflektiert in die Berichterstattung übernommen wird. Nicht nur im Sportteil. Auch wenn es um mehrstellige Millionenbeträge geht, die dem Finanzamt vorenthalten wurden, funktioniert der einfache Trick der verharmlosenden Wortwahl. Der Verteidiger würde seinen Mandanten niemals als Steuerhinterzieher bezeichnen. Das klingt ja geradezu kriminell! Deshalb greift der findige Jurist allenfalls zur sanften Formulierung »Steuersünder«.

Ein blendender Einfall, in der Tat. Möchten Sie sich davon blenden lassen? Selbst im Club der Sünder gibt es da Grenzen. Vor Kurzem war ein Vergewaltiger da und bezeichnete sich als Sexualsünder. Wir haben ihn rausgeschmissen.

Stuttgarter Weg

Die *Düsseldorfer Tabelle* zum Beispiel führt unter anderem auf, wie Unterhaltszahlungen berechnet und festgelegt werden. Je nach Einkommen des zahlungspflichtigen Elternteils kann in der Liste abgelesen werden, wie viel Geld monatlich pro Kind fällig ist. Es ist zwar kein Gesetz, sondern lediglich eine Richtlinie – dennoch wird sie in ganz Deutschland in vielen Fällen verwendet. Dass es eine Düsseldorfer Tabelle ist, liegt schlicht daran, dass das Oberlandesgericht Düsseldorf federführend ist und die Liste auf dem aktuellen Stand hält. Man könnte natürlich einfach von einer Unterhaltsleitlinie sprechen, aber die Wortkreation mit dem Ortsnamen hat sich inzwischen wie ein Markenzeichen etabliert.

Auch das *Hamburger Modell* hat eine ähnliche Sprachkarriere genommen und klingt wahrlich geschmeidiger als »stufenweise Wiedereingliederung in den Arbeitsprozess«.

Und natürlich macht es einen durchaus edlen Eindruck, wenn Beschlüsse nach dem Ort ihres Entstehens benannt werden. Auf den Radiotagen in Tutzing entstand beispielsweise der *Tutzinger Appell*, der die Rundfunksender auffordert, nicht zu verheimlichen, dass Interviews aufgezeichnet sind. Sie kennen das aus den Tagesthemen: » ... das Gespräch haben wir kurz vor der Sendung geführt.«

Sie merken, all diese Kurzbezeichnungen mit Ortsnamen haben etwas gemeinsam: Es stecken sinnvolle Dinge dahinter – das sind die Guten! Wirklich? Leider nicht immer, denn dieses positive Image lockt auch diejenigen, die gerne hinter so einem Begriff etwas verstecken möchten. Und dass in diesem Fall ausgerechnet ein Medienunternehmen hinter der Wolke des Wohlklangs in Deckung ging, macht die Sache besonders bitter. Die Firma, der sowohl *Stuttgarter Zeitung* als auch *Stuttgarter Nachrichten* gehören, hatte sich nämlich etwas besonders Sparsames überlegt: Wenn man beide Redaktionen zusammenlegt, könnte man einige Stellen streichen – nur ist das nicht gerade förderlich für den guten journalistischen Ruf. Und deshalb musste ein ganz alter Trick herhalten. Im Schönwaschgang erfand die Geschäftsführung den Stuttgarter Weg, der ab sofort beschritten werde. Ist das nicht großartig? Und von außen sieht man nicht mal was, denn beide Zeitungen behalten ihren Namen – nur drinnen werden die Redaktionsräume dünner besetzt.

Den Kniff mit der wunderbaren Wortverwandlung können Sie übrigens auch nutzen: Möchte Ihr Kind wieder einmal das gute Gemüse nicht essen, weil Sie verraten haben, dass es heute Möhren, Spinat oder andere scheußliche Dinge gibt, die nicht Fischstäbchen heißen? Sie brauchen nichts zu verändern – nur schweigen. Und dann servieren Sie mit stolzer Miene eine Piratenpfanne nach dem Originalrezept von Kapitän Dickbauch. Ihre Chancen liegen bei etwa 50 Prozent, dass der Teller leer wird. Tatsächlich gibt es eine Studie, die genau das nachgewiesen hat. Und es funktioniert sogar bei Erwachsenen: War von »zarten Erbsen«, »feinem Filet« oder »edler Sauce« die Rede, berichteten Restaurantgäste den Wissenschaftlern von einem besonders großen Geschmackserlebnis, dabei hatten sie nichts anderes gegessen als die Testpersonen ohne wortgewaltige Speisekarte. Die Lebensmittelindustrie weiß um die Wirkung schöner Worte – und wird Sie hoffentlich trotzdem nicht mehr blenden.

Lifehacks und Nipplegates

Wir sehen uns gewiss nicht als Puristen. Wir sind sogar der Meinung, dass uns »fremde« Sprachen bereichern. Schließlich ist alles im Fluss, und der Sinn von Wörtern verändert sich. Da kann man noch so lange in Büchern aus dem 19. Jahrhundert blättern oder als Oberpingler den Duden hochhalten. Doch manchmal wird es selbst uns *too much*. Besonders dann, wenn es schon deutsche Wörter dafür gibt oder die Übersetzung aus dem Englischen nicht ganz so *awesome* ist. Besonders perfide ist beispielsweise der Luftschlag. Das klingt jedenfalls nicht danach, dass die US-Airforce mit chirurgischer Präzision im Umkreis von vier Kilometern ein Krankenhaus bombardiert und mehrere Menschen getötet hat, sondern eher nach Zirkus. Nach einem Clown, der einen Luftschlag, einen Purzelbaum durch einen Reifen macht. Putzig! Das englische Wort heißt aber »Airstrike« und bedeutet übersetzt Luftangriff. Der Luftschlag verharmlost hingegen ein weit verbreitetes Phänomen: die Militärsprache. Nicht nur im Sport oder in der

Politik. Leider wird der NATO-Slang oft nicht genau übersetzt oder gleich so stehen gelassen. Ist eine »Taskforce für Flüchtlinge« – wir reden von Menschen, die gerade aus ihrer zerbombten Heimat entkommen sind – eigentlich besser als der »Think Tank« – der denkende Panzer in der Asylpolitik? Früher nannte man es Arbeitsgruppe oder Arbeitskreis.

Seit einiger Zeit gehen die Medien mit »Lifehacks« auf Leserfang. Selbst die renommierte *Süddeutsche Zeitung* hat es sich nicht nehmen lassen und warb in einem Video auf Twitter und Facebook für einen Lifehack. Was war darin zu sehen? Wie man das Eigelb vom Eiweiß trennt. Holla die Waldfee, da brat uns doch einer ein Gipsy-Schnitzel! Das ist heute also ein Lifehack. Auf verschiedenen Nachrichtenseiten finden sich unter diesen phänomenalen Überschriften Artikel wie »Diese drei Dinge haben Sie bislang falsch gemacht« – abgebildet ist eine Banane. »Dieser Kuchen besteht nur aus zwei Zutaten« – abgebildet ist ein trauriger Teigklumpen. »So haben Sie sich noch nie die Schuhe gebunden« – abgebildet sind Schnürsenkel. Es ist uns völlig schleierhaft, wie die Menschheit die vergangenen 100 000 Jahre überlebt, geschweige denn, es jeden Morgen bis zum Badezimmer geschafft hat. Grundsätzlich sind Lifehacks nicht verkehrt, letztlich geht es darum, das Leben und seine Abläufe einfacher oder schneller zu gestalten. Aber weshalb muss da nun ein Anglizismus für etwas Altbewährtes eingeführt werden? Früher war ein Lifehack einfach nur ein Haushaltstipp, ein Ratschlag, Trick 17, ein Kniff – oder nannte sich Allgemeinwissen. Absurderweise gibt es selbst im

Englischen bessere Wörter dafür. Aber so ein Buzzword klingt am Ende des Tages doch viel cooler.

Wer in der Geschäftskorrespondenz vom Gegenüber ein »I am all with you« hört, kriegt nicht gesagt – wie so häufig falsch übersetzt –, dass er ganz nah bei ihm sei, um ihm die frohe Botschaft ins Ohr zu säuseln, sondern er ist einfach nur seiner Meinung. Vermutlich ist auch der neue Aggregatzustand des Massiven ein Import aus dem Englischen. Alles ist massiv, nicht nur das Bergmassiv: Das Gewitter ist massiv, die Kritik hat keine Relevanz mehr, solange sie nicht massiv ist, bei einem Stau muss mit massiven Behinderungen gerechnet werden, und weil der Firmenboss das Unternehmen gegen die Wand gefahren hat, muss mit massiven Einschnitten gerechnet werden. Dabei ist »massive« nicht massiv, sondern bedeutet übersetzt eher stark, groß oder viel. Und der Stresstest des *Dishwashers* ist nur eine Belastungsprobe und hinterlässt selten Schweiß und psychische Störungen. Ereignisse gibt es in Deutschland ohnehin nicht mehr. Statt Veranstaltungen gibt es nur noch Events. Zum Beispiel auf dem Wasser beim »Stand Up Paddling« – weshalb sagt man nicht einfach Stehpaddeln? Zu einer Unsitte ist es mittlerweile auch geworden, bei jedem Skandälchen und bei jeder Veröffentlichung geheimer Daten ein Leaks oder ein Gate dranzuhängen: Lux-Leaks, Polizei-Leaks, Offshore-Leaks, Snowden-Leaks, Sony-Leaks, Leipzig-Leaks, Saudi-Leaks, sogar »Last-Minute-Leaks« wurden schon in den Medien gesichtet. Hingegen ist es fast schon eine Wohltat, vom »VW-Gate« zu lesen. Nun ja, das Toilettengate rund um Gregor Gysi hätte man sich sparen können. Ohnehin haben wir seit dem Nipplegate von Janet Jackson nicht mehr den Eindruck, dass viele neuere Anglizismen noch Sinn machen.

Verbraucher

Was steht heute auf dem Speiseplan? Es gibt Huhn vom Schwein, genauer gesagt Geflügelleberwurst. Und wenn Sie nicht aufpassen, dann liegt diese Sprachkomposition auch auf Ihrem Esstisch. So wie jede Branche, die maximalen Gewinn erzielen will, ist auch die Lebensmittelindustrie mit viel Fantasie am Werk. Einige schwarze Schafe sind dort nicht in der Verarbeitung, sondern in der Chefetage gelandet.

Auf schön gefärbten Verpackungen stehen schöngefärbte Produktnamen, Bilder von saftigem Obst suggerieren frisch gepressten Saft, und hinten drauf flimmert das Kleingedruckte. Die Verbraucherzentralen prüfen das, haben aber oft kaum eine Handhabe, denn in vielen Fällen gelten nur

Richtlinien. Und so besteht eine Spargelcremesuppe aus der Tüte eben aus sagenhaften vier Prozent Spargel, in der Instant-Gulaschsuppe konnten immerhin fünf Prozent Rindfleisch nachgewiesen werden. Manche Prüfergebnisse lassen allerdings selbst Münchhausen die Kugel entgleiten. Die schon zitierte Geflügelleberwurst eines bestimmten Herstellers enthielt zwar tatsächlich 39% Putenfleisch, die Leber allerdings stammte vom Schwein. Und in der Pastete nach Wildschweinart war gar kein Wildschweinfleisch drin. Immerhin ist dieser Trick inzwischen weithin bekannt durch das Schnitzel Wiener Art, das nur Wiener Schnitzel heißen darf, wenn es aus Kalbfleisch besteht. Mit sprachlicher Fantasie lässt sich das nur teilweise begründen.

Weil wir gerade dabei sind: Viele werden sich noch an den Pferdefleisch-Skandal erinnern, der gerne mit Begriffen wie Ekel und Abscheu verknüpft wurde. Dieser Skandal war in Wirklichkeit ein doppelter Etikettenschwindel. Erstens stand von Pferd nichts auf der Lasagne-Packung, und zweitens ist Pferdefleisch an sich auch kein Skandal, sondern eine erlesene Zutat für den traditionellen Rheinischen Sauerbraten. Tatsächlich war es also ein Deklarationsbetrug geldgieriger Fleischhändler – das Pferd ist unschuldig. Was gelegentlich auch der Koch von sich behauptet.

Speisekarte

Man hätte gewarnt sein können. Das Restaurant war verdächtig leer, obwohl 19.30 Uhr keine ungewöhnliche Zeit zum Essen ist. Dicker Teppich schluckte jeden Schritt, schwere Vorhänge umrahmten den Blick in den Hof des alten Landguts. Zwei Tische waren besetzt. Das Restaurant war von einem Kollegen empfohlen worden. Wenn man Mutter ausführt, macht man sich ja vorher mal kundig.

Nachdem sich das Personal reichlich Zeit ließ, die Tischdekoration intensiv zu analysieren, die Blume in der Vase sogar noch in Art und Gattung bestimmt werden konnte, erschien die Dame des Hauses. Sie überreichte Speisekarten vom Gewicht eines Schulatlanten. Inhalt: drei Seiten. Und schon die Überschrift auf Seite eins bestätigte schlimmste Befürchtungen. *Gedanken zum Herbst* kündigten die schnörkeligen Lettern an. Na wunderbar! Wenn das schon so losgeht. Das mit der herbstlich depressiven Stimmung im Raum war ja bereits vorzüglich gelungen. Die Speisekarte hielt, was der Koch mit seinen Überlegungen zu dieser Überschrift versprach. Gedanken zum Herbst kamen allerdings nicht auf, stattdessen fiel es immer schwerer, nicht zu laut zu lachen. Und Zeile um Zeile wuchs die Herausforderung. Der »Fjord-Lachs in Texturen« gab Rätsel auf. Das »Duo vom Kalb« könnte dagegen einen großen Auftritt im Musikantenstadl bekommen. Das war auch der Moment, nicht nach Geschmack, sondern nach Wortwahl zu bestellen, um die Texturen näher zu betrachten. Und allein wegen der Beilage zum Rindergulasch musste eine zweite Order rausgehen. Das Gericht wurde laut Karte von einem »Gemüsedialog« begleitet.

Die »Gedanken zum Herbst« mussten in einer Phase tiefer Depression entstanden sein. Der aus dem Fjord weit angereiste Lachs war drapiert zwischen dunkelroten Paprikastreifen, braun schimmernden Linsen und einem ins Orange spielenden Kartoffelpüree mit Safran. Der arme Fisch hätte sich auch gleich ins welke Herbstlaub legen können. Und der »Gemüsedialog«? Der war wirklich im Gespräch. Eine kleine Therapiegruppe aus vier Möhren und zwölf Erbsen hatte sich versammelt und machte sich »Gedanken zum Herbst«.

Schöner essen

»Es wird gegessen, was auf den Tisch kommt!« Auch wenn dieser alte Standardspruch konsequenter Eltern heute gelegentlich noch zu hören ist, muss das durchaus nicht immer stimmen.

Jeder Esser am Tisch ist letztlich auch Konsument, deshalb blüht im Einzelhandel die Fantasie. Vielleicht kann man da was am Geschmack verändern? Nun ja. Spinat schmeckt eben nach Spinat, also kommt die hauseigene Versuchsküche zum Ergebnis: kleinhäckseln und Sahne rein. So was gefällt allerdings der Marketingabteilung gar nicht, denn wer kauft denn bitte »geschredderten Spinat in Sahne«? Das Ergebnis ist eine Sprachkomposition, die sich inzwischen zum geflügelten Wort im Deutschen entwickelt hat. Das Wort Spinat ist nur ganz klein gedruckt, und dann kommt in großen Lettern: »Der mit dem Blubb!«

Und falls das lautmalerische Geblubber noch nicht ausreichend überzeugend wirken sollte, dann muss im Ernstfall Popeye noch mal ran. Damit der Nachwuchs groß und stark wird und dicke Muckis bekommt, so wie der Comic-Held. Der kippt ganze Portionen Spinat direkt aus der Dose in sich rein – und das war auch der Grund für viele Eltern, ihre Kinder damit zum Verzehr des grünen »Eisenwunders« zu locken. Funktioniert hat es sicher häufig, nur das mit dem Eisen, das stimmte nicht. Der hohe Anteil an Eisen war in trockenem Spinat gemessen worden, allerdings besteht frischer Spinat zu etwa 90 Prozent aus Wasser. Da bleibt nicht mehr viel vom Eisenanteil. Eine schwedische Studie rettete schließlich den Ruf des Spinats. Zumindest die Nitrate in dem Kraut könnten beim Muskelaufbau förderlich sein, stellten Wissenschaftler fest.

Für die Erwachsenen kann Popeye bei Tisch kaum noch etwas ausrichten – wohl aber der Zeitgeist. So begann die steile Karriere der Rauke unter ihrem Künstlernamen Rucola. Es liegt uns fern, Gemüse mit Operndiven zu vergleichen, aber die kochen in diesem Zusammenhang auch nur mit Wasser. Schließlich wurde Maria Anna Sofia Cecilia Kalogeropoulos auch erst berühmt, seit sie als Maria Callas auf die Bühne schritt. Wohlklang muss eben nicht nur aus der Stimme kommen. Und ein schöner italienischer Künstlername für die Rauke passte eben auch viel besser in die mediterrane Küche: Rucola. Das schmeckt doch schon akustisch ganz anders als Rauke.

Gewürze haben inzwischen ähnlichen Kultstatus erlangt. Wer nicht gerade den Kräutergarten in Ackergröße vor dem Küchenfenster pflegt, ist meist mit einer kleinen Auswahl getrockneter Sorten aus dem praktischen Streuer versorgt. Damit können Sie allerdings bei Ihren Gästen kaum noch punkten. In vielen Rezepten ist deshalb von frischen Gewürzen die Rede – am besten soll es ein *Bouquet garni* sei. Mit dem ähnlich klingenden Nebenstraßenhotel hat das nichts zu tun, da steht das Garni nur für die eher einfache Ausstattung. Das hat natürlich in der Küche nichts verloren. Also binden findige Hersteller kleine Sträußchen mit einigen Kräutern zu einem saftigen Bund – zumindest was den Preis angeht. Wahlweise provenzalischer Art, als italienische Mischung und, falls es der neueste Trend erfordert, auch in nie gesehenen Kombinationen. Das Geschäft scheint jedoch nicht gut zu laufen, denn eine neue Variante drängt in die Kochbücher: der *Kräuterpinsel*. Das klingt nicht nur sehr nach spitzen Fingern – es ist auch genau dafür gemacht. Tatsächlich ragt aus dem gebundenen Kräuter-Bouquet ein kleiner Holzstiel heraus. Den Pinsel tunkt man in Öl und streicht dann den Braten damit ein. Das hätten Sie natürlich ohne Holzstiel niemals hinbekommen! Deshalb kostet der auch gleich mal deutlich mehr als das herkömmliche Kräutersträußchen.

Übrigens standen auch vor diesen wunderbaren Schöpfungen des Einzelhandels schon die gleichen Rezepte im

Kochbuch. Da war allerdings noch nicht vom umsatzfördernden Kräuterpinsel die Rede, sondern dort stand schlicht: Reiben Sie das Fleisch mit Kräutern ein. Spitze Finger gab es keine, man wusch sich einfach anschließend die Hände.

Wo wir gerade bei Hof, also, genauer gesagt, auf dem Hof sind: Augen auf bei der Berufswahl! Gerade in ökologisch orientierten Betrieben sollten Sie als angehende Landwirtin genau hinsehen, was in der Stellenanzeige steht. So war jüngst in einer Veröffentlichung einer großen Handelskette die Rede von einer Bio-Nachwuchsbäuerin. Oder war vielleicht doch eine Nachwuchs-Biobäuerin gemeint?

Lebensgourmet

Natürlich achtet man zuerst vor allem auf das Äußere. Und so ein wunderbares Kleid, diese leuchtende Farbe, es fällt eben sofort ins Auge. Was für ein traumhaft intensives Rot. Ja, manch einer empfindet es als nervig, kann ja auch nicht jedermanns Geschmack sein. Wir können nur sagen: Wirkt betörend weiblich. Hat nicht mal viel gekostet, der Gute. Man kann ihn sogar im Internet bestellen:

Wein macht wählerisch und wortbetrunken, wie Sie vermutlich schon bemerkt haben. Allerdings hat die Sache einen Haken: Bei einigen Weinkennern löst ein guter Tropfen nicht nur die Zunge, sondern öffnet auch die Schwafel-

Schleuse. Wie sonst käme man auf die Idee, das Aussehen eines Weines als »Kleid« zu bezeichnen und einen höheren Säuregehalt als »nervig auf der Zunge« einzustufen? Und all das kommt ohnehin nur zur Geltung, wenn das edle Getränk vorher »chambriert« wurde. Klingt wahnsinnig eindrucksvoll, oder? Leitet sich übrigens vom französischen *chambre* ab, also Zimmer. Mit anderen Worten: Der Wein schmeckt am besten, wenn er Zimmertemperatur hat.

Ohnehin spielt Französisch eine wichtige Rolle, nicht zuletzt, weil der Wohlklang dieser Sprache der Fachsimpelei über Trauben, Jahrgänge und Lagerung ein besonders gehobenes Flair verleiht. Wo sonst, wenn nicht in Frankreich, wird aus einer Müllverbrennungs- und Recyclinganlage eine Klanginstallation namens »Déchetterie«? Und selbst, wenn es um Wein vom Fass geht, schwärmt der selbsternannte Gourmet vom »pichet«, in dem ihm das Getränk serviert wird. Nur in Hessen werden Sie damit nicht punkten. Der Apfelwein kommt dort im Bembel auf den Tisch, und jede Widerrede ist – auch im schönsten Französisch – zwecklos.

Ja, zugegeben, ein bisschen war das jetzt schon Nestbeschmutzung. Aber es geht schließlich um Sprache und ihre verborgenen und manchmal verlogenen Winkel. Und als Nestbeschmutzer wird oftmals nicht derjenige betrachtet, der den Dreck ins Nest gebracht hat, sondern der, der ihn rauskehren möchte. So gesehen, wäre es also an der Zeit, sich zurückzuziehen und das Zimmer zu verlassen. Oder – um es künstlich zu veredeln – sich zu *dechambrieren*.

Mit neuer Rezeptur

Da sind wir ja beruhigt. Endlich gibt es das Lieblingsprodukt aus dem Supermarkt »mit neuer Rezeptur«! Es kann also nur besser geworden sein. Was war das auch ein Elend mit der alten Zusammensetzung. Die neue Rezeptur muss die Lösung sein. Das stimmt. Aus Sicht der Hersteller ist die neue Rezeptur ein Segen – vor allem für die Bilanz. Sie als Kunde glauben vielleicht, das Produkt sei besser geworden; ist doch die neue Rezeptur zweifelsfrei ein Hinweis auf eine Verbesserung. Tatsächlich aber ist die neue Rezeptur meist nur der klägliche Versuch, Ihnen schlechtere Inhalte als Fortschritt zu verkaufen. Natürlich aber mindestens zum gleichen Preis.

Verbraucherschützer mühen sich, diesen Etikettenschwindel aufzudecken. Geht es wirklich um eine Verbesserung oder nur darum, preisgünstigere Inhaltsstoffe als Fortschritt zu deklarieren? Sind anhand der neuen Rezeptur wirklich bessere Zutaten verarbeitet worden? Die Erfahrung zeigt: Die Angabe *neue Rezeptur* ist völlig korrekt. Die Lebensmittel-Hersteller haben die deutschen Gesetze nämlich exakt studiert und ausgenutzt. Glauben Sie aber lieber nicht gleich, Sie hätten nun ein *besseres* Produkt in der Hand. Sie haben vermutlich nur ein *anderes* Produkt erworben. Möglicherweise mit zusätzlichen Farbstoffen oder Geschmacksverstärkern, eventuell wurden teure Inhaltsstoffe durch preisgünstigere Bestandteile ersetzt.

Neu ist die Rezeptur tatsächlich. Aber *neu* ist nicht gleichbedeutend mit *besser*, auch wenn das so klingt. Sollte Ihnen also eine neue Rezeptur auf der Verpackung entgegenstrahlen, dann ist das ein verdächtig verlässlicher Hinweis darauf, dass Ihnen etwas schmackhaft gemacht werden soll, das vorher möglicherweise qualitativ besser, aber eben auch teurer war. Ähnlich funktioniert dieser sprachliche Trick auch bei Waschmitteln oder Badezusätzen. Da ist dann nicht von einer *Rezeptur* die Rede, sondern – besonders wissenschaftlich verpackt – von einer »neuen Formel«. Diese Formel beinhaltet in vielen Fällen zum Beispiel »naturidentische« Stoffe. Was nichts anderes bedeutet, als dass ein natürlicher Bestandteil nun chemisch nachgebildet und beigemischt wurde. Das ist meist preiswerter für die Hersteller, klingt aber durch die sprachliche Beimischung von »Natur« weiterhin überaus natürlich und blendet den Verdacht auf chemische Herstellung aus.

Falls Sie sich also das nächste Mal wundern, warum das Brot, das Sie seit Jahren kaufen, schon wieder *neu* und mit *verbesserter Rezeptur* oder *neuer Formel* auf sich aufmerksam machen möchte: Es steht nicht unbedingt zu Ihrem Wohl auf dem Etikett. Es könnte auch einfach ein sprachlicher Kniff sein, der vor allem eines bewirken soll: mehr Umsatz mit weniger Aufwand in der Aktiengesellschaft. Sehr zum Wohle – der Aktionäre.

Das Badezimmer

Reden wir nicht lange drum herum, es wird jetzt etwas intimer. Wer lässt sich schon gerne tiefe Einblicke in sein Privatleben gefallen? Es gibt neugierige Menschen, die als Gast beim Besuch der fremden Örtlichkeit den Blick intensiv schweifen lassen über Tiegel, Töpfchen und Zerstäuber. Sieh an, auch eine Faltencreme neben dem Rasierschaum, und was haben wir denn da? Zwei Zahnbürsten auf der Ablage und einen Fön an der Wand. Interessant, wo der Gastgeber doch alleine wohnt und seit Jahren eine Glatze hat.

Nach diesem Miss Marple-Moment könnte die Ermittlungsarbeit im Detail beginnen. Wenn das beim Lesen der vielen Beschriftungen noch gelingt vor Lachen. Denn die Hersteller von Toilettenartikeln haben sich anscheinend nicht nur der Hygiene verschrieben, sondern auch der Unterhaltung auf dem stillen Örtchen. Was soll man denken von einem zweilagigen WC-Papier, das sich als »sanft und sicher« präsentiert?

Gut, sanft mag es sein, da sind sicher andere Schleifpapiere gröberer Körnung auf dem Markt. Aber was meinen die mit »sicher«? Nicht mal die Rente kann sich dieses Etikett mehr ernsthaft anheften. Aber Klopapier ist sicher? Wahrscheinlich auch nur dann, wenn man es rechtzeitig nachkauft. Am besten online, denn mit mehreren Hundert positiven Rezensionen in einem deutschen Versandhandel können Sie sich ebenfalls sicher sein, dass hier Hand angelegt und das Klopapier ausreichend getestet wurde. Das ist

Deutschland. Bewertungen für Klopapier. Doch der *Shitstorm* blieb bislang aus.

Tampons sollen ja auch »sicher« sein. Eine Fernsehwerbung versuchte das einst zu illustrieren. Dazu kam eine blaue (!) Testflüssigkeit zum Einsatz, der Tampon wurde hineingetaucht und verschwand – na? – in der geschlossenen Faust der Dame im Bild. Unterlegt mit dem Text: »Nimmt die Regel da auf, wo sie passiert.« Wunderbar.

Für den gepflegten Herrn und Nassrasur-Zelebrierer ist endlich auch die Unsicherheit verschwunden, welche Farbe das Gesicht nach Anwendung des Rasierschaums haben wird. Es bleibt so, wie es ist. Sagt jedenfalls die Beschriftung »Jetzt ohne Farbstoffe« und will vermutlich eher darauf hinweisen, dass Allergiker das Produkt bedenkenlos nutzen können. So formuliert allerdings, malt man sich schon die eine oder andere böse Überraschung aus, wenn zwischendurch mal eine Flasche mit Farbstoff zum Einsatz kommt.

Beachten Sie auch, dass Sie sich nicht zu jeder Zeit etwas ins Gesicht schmieren sollten. Der Hersteller einer Reinigungsmilch verrät zwar nicht, was passiert, wenn die angegebenen Zeiten nicht eingehalten werden – macht aber eine klare Ansage: »Gesichtsreinigung für morgens und abends«. Wehe dem, der Schichtdienst hat. Ist ja mittlerweile nur jeder Sechste in Deutschland.

Ein ganz famoser Beschriftungstrick ist das Triple, ein Dreiklang, so was wie »klein, stark, schwarz«. Dumm nur, wenn sich trotzdem bloß zwei sinnvolle Begriffe finden lassen, der Chef aber auf dem Triple besteht. Dann kann nur noch der Joker der Werbesprache helfen: *praktisch*. Der hat auch schon so manches Pflegeprodukt – na ja – gerettet: »Hochwirksam, hygienisch, praktisch«.

Auch die allgegenwärtige Gender-Debatte ist längst im Bad eingetroffen. Fehlt Frauen die Kompetenz für Führungspositionen? Ist die Quote sinnvoll? Die Lösung kommt nicht etwa aus den Reihen der Politik. Nein, ein Hersteller von Schaumbädern schwingt sich auf, das Problem zu lösen. Er brachte tatsächlich eine Serie namens »Männersache« auf den Markt. Darin ein herb riechendes Produkt: »Männerpflege mit Naturkompetenz«. Sehen Sie, so einfach ist das. Wasser einlassen, Naturkompetenz rein und fertig.

Für alle, die unter trockener Haut leiden, hat ein bekannter Creme-Hersteller aus Hamburg mit blauweißen Produkten eine neue Bodymilk entwickelt. Verzeihung, »Soft Milk« – und das inklusive »Shea-Butter«. Das geht doch runter wie Öl, jedenfalls klanglich. Tatsächlich ist es ein Pflanzenfett, das aus Kostengründen gerne als Ersatz für Kakaobutter bei der Herstellung von Schokolade verwendet wird. Sie reiben sich also einen preisgünstigen Ersatzstoff in die Poren.

Das Bemerkenswerte an der großen 400 ml-Flasche ist allerdings der Hinweis auf die neue Kappe. Denn die ist »jetzt kopfstehfähig«. In der Tat, die Plastikflasche kann auch umgedreht hingestellt werden. Die Kappe hat jedoch eine derart schräge Form, dass der schiefe Turm von Pisa standfester wirkt. Der Schwerpunkt ist sehr hoch, und schon ein Lufthauch bringt die Body-Milk-Flasche zum

Umsturz – da helfen auch keine »unwiderstehlich pflegenden« Eigenschaften. Allerdings mögen wir der Firma nichts anlasten, schließlich behauptet sie nicht, die Creme sei *kopfstandfest* und *erdbebensicher*, sondern nur einfach fähig. So gesehen, betrachten wir uns ab sofort als *marathonfähig*. In drei Tagen schaffen wir die 42 Kilometer. Locker! Auch ohne Shea-Butter – wir nehmen dann doch lieber die echte Schokolade.

Jetzt noch ein Abstecher in die große Rätselwunderwelt der Bindestriche. Was bewirkt diese Creme mit »Anti-Mimik-Falten-Wirkung«? Gar nicht so einfach, denn was sind »Anti-Mimik-Falten«, oder sind »Antimimik-Falten« gemeint? Gibt es eine »Anti-Mimik«? Und wenn ja, wie sieht die aus? Und hat das Zeug eine »Falten-Wirkung« oder gar eine »Faltenwirkung«? Wer kauft denn so was? Mal sehen, was erste Testberichte ergeben über die »Antimimik-Faltenwirkung« und ob sie besser abschneidet, wenn sie »Anti-Mimikfalten-Wirkung« verspricht.

Zum Schluss darf ein Produkt nicht unerwähnt bleiben, das so schlicht und überzeugend daherkommt und dazu Kino im Kopf und Kribbeln am Hintern erzeugt. Das Toilettenpapier benötigt dazu nur zwei kleine Worte: Es heißt »Happy End«.

Komplexe

Wenn Sie durch die Kosmetik-Abteilung schlendern, die Stirn in Falten ziehen und dennoch ein knitterfreies Gesicht behalten möchten, dann haben Sie zwei Möglichkeiten: Entweder, Sie haben schon Komplexe, oder Sie kaufen sich welche. Im ersteren Fall dürfte ein Facharzt Ihres Vertrauens für Abhilfe sorgen, bei Variante zwei genügt ein Griff ins Regal. Natürlich wollen wir hier nicht den medizinischen Begriff mit der chemischen Definition von Komplex durcheinanderwerfen, deshalb beschränken wir uns nur auf die Komplexe, die Sie sich zum Beispiel ins Gesicht schmieren können. Und je komplizierter diese Wirkstoffmischungen klingen, desto prächtiger strahlen sie uns auf den Verpackungen entgegen.

Die eher harmlose Form dieser Sprach-Kosmetik ist der Repair-Komplex. Der soll halt reparieren, aber als Reparatur-Komplex verkauft sich das einfach nicht so gut – dann eben auf Englisch: Weltniveau! Wer mindestens mit einem kleinen Latinum aufwarten kann, ist da schon eher König unter den Werbetextern. Mit »Aqua« lässt sich zwar kein Kunde mehr locken, der im Urlaub schon mal ein Wasser bestellt hat. Aber ein »Cera Alba-Komplex« in der Creme – das klingt doch schon nach was. Es handelt sich übrigens um Bienenwachs. Wundern Sie sich also nicht, wenn Ihre Weihnachtskerzen auch so einen Komplex haben.

Wohlklang ist also Trumpf, ganz besonders, wenn es um Bezeichnungen geht, die im Deutschen einfach nicht so schmeichelhaft daherkommen. Talgdrüsen zum Beispiel. Hat man reichlich, möchte man aber nicht wirklich dick auf der Tube lesen. Und so dürfen Sie sich dann stattdessen vom »Anti-Sebum-Komplex« geschmeidig anwerben lassen – damit die Haut nicht so sehr glänzt.

Auch allerlei Pflanzen hat die Kosmetik-Industrie für sich entdeckt. Avocado ist längst nicht mehr auf die Küche beschränkt, sondern ist inzwischen in so vielen Produkten enthalten, dass es als Verkaufsargument nur noch bedingt funktioniert. Deshalb schlägt der kundige Marketing-Fachmann der Konkurrenz ein Schnippchen: Neben all den Avocado-Cremes sticht doch der edel beschriftete Tiegel mit »Persea Gratissima« gleich ins Auge. Ist aber das Gleiche drin – nur auf Latein. Und auch der »Agaricus Bisporus« hat schon seinen Siegeszug vom Schmortopf ins Schmiertöpfchen angetreten. Hier ist vom Champignon die Rede.

Damit nun vom Eingemachten zum Aufgemachten: Beeindruckend soll die Beschriftung der Cremes und Tinkturen natürlich sein, egal, in welcher Preisklasse. Also kommt wieder einmal der tiefe Griff in die Trickkiste. Auch wenn es viele Gesetze gibt, die für eine ehrliche und korrekte Deklaration sorgen sollen – zwischen den Paragraphen ist immer ein bisschen Platz zum Durchschlüpfen. *Naturkosmetik* passt da geschickt hindurch. Der Begriff ist nicht geschützt. Oder wenn das Produkt »klinisch« getestet ist. Das macht erst einmal ganz schön Eindruck, ist aber nicht mehr, als ein riesengroßer Luftballon. Was nach einem kleinen Stich davon bleibt? Ein Häuflein bunter Fetzen. Denn *klinisch getestet* bedeutet nur, dass es eben am Menschen getestet wurde.

Mehr nicht. Ob hinterher alle Probanden dicke Pickel bekamen, muss nicht verraten werden. Das Schwesterluftschiff des Klinik-Ballons heißt »dermatologisch getestet«. Es hat ähnliche Flugeigenschaften und zerplatzt ebenfalls beim kleinsten Piks. Ja, das Mittelchen wurde auf Haut ausprobiert. Ende. Wie viele Personen an den Tests teilnahmen, ob »Lochfraß« festgestellt wurde oder die Creme besser als Fugenmittel am Bau funktioniert – all das muss nicht offengelegt werden.

Selbst auf Doktortitel ist kein Verlass. Das gilt nicht nur für die Politik, sondern auch für den älteren Herrn mit Dackelblick und Stethoskop um den Hals. Der Mann auf dem Foto könnte nämlich auch Schauspieler sein, und der Hinweis »empfohlen von Doktor« Hebelschnebel hilft ebenfalls nicht weiter. Die Person auf dem Bild und der Name darunter müssen nichts miteinander zu tun haben. Und Dr. Hebelschnebel hat zwar promoviert – allerdings in Architektur.

Wenn wir Ihnen jetzt wirklich Falten auf die Stirn getrieben oder gar ein paar Lachfalten ins Gesicht gezaubert haben, dann sind Sie jetzt reif für ein Fundstück, das wirklich komplex ist. Und nicht gerade preiswert. Beworben wird das edle Produkt mit dem Hinweis auf den exklusiven »Top-C-Komplex«. Und der besteht aus weißem Sommertrüffel, 24-karätigem Gold sowie Anti-Aging-Peptiden und einem preisgekrönten Zellaktivator. Wenn das nicht auch noch die Bügelwäsche plattkriegt, dann wissen wir es auch nicht.

Gesundheit!

»Guten Tag, haben Sie was für Husten?« Sie wissen, was jetzt kommt. Der Apotheker greift in sein Jackett und bietet seinem Kunden eine kräftige Havanna an. Olle Kamelle. Aber streng genommen hat der Pharmazeut genau richtig gehandelt, nämlich ganz im Sinne der viel gepriesenen Gesundheitsprävention. Denn was bedeutet Prävention? Vorbeugung und Verhütung, so steht es im Duden. Und wer seiner Gesundheit vorbeugen möchte, ist mit einer dicken Zigarre schon ganz gut beraten. Bei regelmäßiger Anwendung lässt sich die Gesundheit sogar langfristig verhüten. Rezeptfrei!

Die Hypochonder unter Ihnen können wir beruhigen: Krankheit wird Ihnen trotzdem kaum mehr begegnen, jedenfalls nicht als Begriff. Es klingt doch wirklich nicht attraktiv, Mitglied einer Krankenkasse zu sein. Aber bei einer »Gesundheitskasse«, da ist man doch gern versichert. Die überreicht Ihnen dann auch gleich einen Versichertenausweis, Verzeihung, eine »Gesundheitskarte«. Und zwar mit Foto und Speicherchip, auf dem Platz genug für eine komplette Patientenakte ist. Datenschützer stehen beim Gedanken daran die Haare zu Berge und sprechen vom »gläsernen Patienten«. Ein weiterer Grund, warum Sie eine Gesundheitskarte bei sich tragen, denn harmloser kann man es kaum formulieren. Oder würden Sie sich eine »Gläserne-Patienten-Karte« andrehen lassen?

Nehmen Sie lieber die Vorteilsangebote in Anspruch, für

die eine Krankenkasse wirbt. Obwohl, das klingt schon verdächtig danach, dass die Farbe extra dick aufgetragen wurde. Haben hier Nachteilsangebote einen neuen Anstrich erhalten? Diese Frage könnte man vielleicht an den *Besser-Leben-Berater* richten, den eine andere Kasse im Internet anbietet. Dort lässt sich sogar ein »Gesundheitskonto« einrichten. Fleißige Sparer können sich irgendwann komplett keimfrei einmauern, auf dem Konto werden nämlich »Gesundheitsbausteine« gutgeschrieben. Vielleicht sollten sich manche Werbetexter doch dringend in Behandlung begeben.

Trocken

»Und wie ist es in der Wüste? Knochentrocken, meine Damen und Herren, knochentrocken!« Das ist ein Zitat des Erdkundelehrers Dr. Schuch. Der hatte die Welt bereist und berichtete auch leidenschaftlich von seinem Verzehr erstklassig zubereiteter Insekten. Mit seinem »Knochentrocken«-Zitat allerdings wurde er über sämtliche Klassenräume hinweg schulbekannt.

Möglicherweise haben Sie bemerkt, dass wir Sie gerade mit gleich zwei zusammengesetzten Wörtern belästigt haben, mit so genannten Komposita. Nun sind »knochentrocken« oder »schulbekannt« natürlich verbreitete Begriffe, die Ihnen deshalb auch kaum aufgefallen sein dürften. Der Mechanismus dahinter aber funktioniert auch bei weniger gängigen Wortkompositionen. Die deutsche Sprache lässt so gut wie alles zu, wie Sie schon an der oft zitierten *Donaudampfschifffahrtskapitänspatentsprüfungsordnung* ablesen können. Und Sie glauben gar nicht, wie viele dieser Fantasiebegriffe direkt um Sie herum um Ihre Aufmerksamkeit buhlen. Bei Ihnen zu Hause. Kommen Sie einfach mal mit ins Bad. Oder, wie der Makler von Welt gerne fabuliert, in den Sanitärbereich. Und jetzt lesen Sie mal, was Ihnen der Wäschetrockner da so anbietet. Ganz oben am Drehschalter steht: *Extratrocken*. Also trockener als trocken? Geht das? Wie macht das Gerät das bloß? Nächste Position: *Schranktrocken Plus*. Also nicht Extratrocken, aber trocken genug, dass es im Schrank keine Stockflecken bildet? Ist das das Plus an der Sache? Wohl nicht, denn danach folgt: *Schranktrocken*. Ohne Plus. Aber hoffentlich auch ohne Stockflecken. Was zu der Frage führt, was sich hinter der Position *Normaltrocken* verbirgt. Die kommt nämlich danach und ist auch nicht als Plus-Version verfügbar. Ist das also trocken? Einfach so? Und darf das dann auch in den Schrank, obwohl es nicht schranktrocken ist? Zugegeben, das Gerät ist schon etwas älter. Der T366-Deluxe-Electronic dürfte auch Dr. Schuch nach der Rückkehr von seinen Expeditionen bei der Wäsche gute Dienste geleistet haben. Auch wenn »knochentrocken« als Programm fehlt. Böse Zungen behaupten, das betagte Gerät sei noch für den Dieselbetrieb geeignet.

Besonders faszinierend in der Worthölle des Drehschalters ist übrigens, dass der Trockner nicht nur in allen erdenklichen Formen mühelos trocknen kann. Der kann auch feucht. Und wie! *Bügelfeucht* (mit einem Wassertropfen als Zusatzsymbol) ist noch einigermaßen einleuchtend als zusammengesetztes Wort. Was aber ist die nachfolgende Position *Bügelfeucht* (mit zwei Wassertropfen)? Muss man dann doppelt so lange mit dem Bügeleisen über das Textil gleiten? Und verträgt sich das mit dem Dampfbügeleisen, das in seiner ureigenen Aufgabe die Wäsche bügelfeucht macht, obwohl sie es vorher schon war (mit einem oder zwei Tropfen)?

Wer denkt sich solche Beschriftungen aus? Waren Drogen im Spiel? Sagen Sie jetzt nicht, das sei mangelhaft. Es ist *mangelfeucht*. Jedenfalls der nächsten Schalterstellung zufolge. Oma hatte so ein Gerät. Mit der Mangel wurden Bettlaken gebügelt, indem sie durch zwei riesige heiße Rollen geführt wurden. Die Kunst bestand darin, am Ende zehn unverletzte Finger vorzeigen zu können. Wenn Ihr Haushalt nicht über diese technische Mangel-Sensation verfügt, bleibt immer noch die letzte Schalterstellung: *Leichtfeucht*. Also nicht bügelfeucht (weder mit einem noch mit zwei Wassertropfen), sondern mangelfeucht. Was soll man nun damit tun? Bügeln geht nicht, mangeln auch nicht. Schrank scheidet aus, weil nicht schranktrocken (weder mit Plus noch ohne Plus). Was also soll man mit der Wäsche tun, wenn das Programm »leichtfeucht« abgelaufen ist? Die schlimme Vermutung: Die Wäsche sollte noch trocknen. Schönen Dank.

Wenn Sie also Lust haben auf sensationell sinnlose Begriffe und Wortkompositionen, machen Sie einen kleinen Rundgang durch Ihre Wohnung. Lesen Sie die Beschriftungen der Geräte, und haben Sie Spaß!

Hausfrauen sind doof

Wenn wir dieses Buch auf einen Schlag bekannt machen wollten, dann wäre eine listige und inzwischen oft verwendete Methode der einfachste Weg: Man schreibt etwas sehr Provozierendes und wartet nur kurz, bis eine Empörungswelle durch die Öffentlichkeit schwappt. Dass sich die Provokation als Unsinn herausstellt und das Buch nur Aufmerksamkeit erregen wollte, spielt hinterher keine Rolle mehr. Denn das Ziel ist erreicht, alle sprechen darüber. Stellen Sie sich vor, wir hätten als Titel »Hausfrauen sind doof – und Hausmänner sowieso« ausgewählt. Wir wären über Nacht bekannt geworden – und vermutlich gefeuert.

Wie aber schaffen es dann so viele Hersteller von Lebensmitteln, trotzdem am Markt zu bestehen, obwohl ihre Zubereitungshinweise nichts anderes als die Überschrift »Hausfrauen sind doof – und Hausmänner sowieso« vermuten lassen? Was ist von einem Fertigsuppenproduzenten zu halten, der seine Anleitung mit den Worten »Tüte aufreißen« beginnt? Hat da ernsthaft jemand befürchtet, wir würden die Packung in einen Kochtopf stecken und dann mit heißem Wasser übergießen? Auch der weitere Text lässt auf wenig Vertrauen in den Kunden schließen, denn es folgt die Aufforderung »dann umrühren und genießen«. Gut, das mit dem Umrühren hätte man spätestens beim Betrachten des Bodensatzes noch als Lerneffekt verbucht – aber was erlaubt sich dieser Tütensuppentexter eigentlich mit der Anweisung, dann zu »genießen«? Hätte er geschrieben »anschließend essen«, wäre er vielleicht noch als dämlich davongekommen. Aber die Anleitung zum Süppchen mit einem Genussbefehl abzuschließen, das ist schon anmaßend. Und hat der zuständigen Agentur sicher eine schöne Stange Geld eingebracht.

Mindestens so unbegabt, wie es den Tütensuppenumrührern unterstellt wird, müssen wohl auch die Pizza-Esser sein, folgt man den Anleitungen auf den Kartons der Tiefkühlware. »Den Ofen auf 230 Grad vorheizen«, lautet die Ansage. Und jetzt mal ehrlich: Haben Sie jemals Ihren Backofen nachgeheizt? Vorheizen ist ein Begriff, der so sinnvoll ist wie rückstauen. Ein Stau kann sich nur nach hinten bilden, also zurück – und ein Backofen wird schlicht und einfach geheizt. Natürlich vorher, sonst wird das nie was mit der Pizza.

Die größtmögliche Entfernung zur Logik hat ein Hinweis erreicht, den Bahnreisende möglicherweise schon einmal in den Speisewagen der ICE-Flotte zur Kenntnis nehmen durften. Sie sind durstig und fragen sich, was wohl im Ausschank ist – aber Sie finden nichts? Die Lösung ist so einfach wie unlogisch: »Das Getränkeangebot finden Sie in unserer Speisekarte.« Bei der nächsten Fahrt könnten Sie ja mal nachsehen, ob Eis in der Kuchenkarte steht.

Unübertroffen aber ist eine Feinschmecker-Kreation edelster Sprachsülze, die in einem Pressedienst für Fachzeitschriften serviert wurde. Dort wird in den höchsten Tönen von einer ganz besonderen Kunst geschwärmt, nämlich dem »Food Pairing«. Exzellente Zutaten würden da kombiniert, lobhudelt der Autor. Und nur wenige Lebensmittel ergeben ideale Paare. Oma wäre in ihrer Küche sicher zu ähnlichen Ergebnissen gekommen und hätte dies mit der schlichten Feststellung »Ich hab' uns mal was Anständiges gekocht« aufgetischt. Nichts anderes nämlich ist *Food Pairing*: Zutaten geschmacklich gut kombinieren und eine leckere Mahlzeit kochen. Offen bleibt die Frage, ob Oma auch von »anständig gekocht« sprechen würde, wenn sie die Ergebnisse des neuen *Food Pairings* verkosten würde. Entstanden sind nämlich unter anderem Rindfleisch mit Popcorn, Kartoffelbrei mit Marmelade und eine Schokoladenmousse mit Röstzwiebeln.

Einen ähnlichen Trendwechsel vom Verkaufen-wie-blöde zum Für-dumm-Verkaufen gibt es jetzt auch in der Textilindustrie zu besichtigen. Und zwar auf einer Waschanleitung in Postkartengröße. Bis ins letzte Detail ist dort beschrieben, wie das Baumwollsteppbett in der Waschmaschine behandelt werden muss: 95 Grad sind erlaubt, aber nur im Schongang, außerdem nur ein Drittel der üblichen Menge an Waschmittel, und zwar Wollwaschmittel bitte schön, das darf aber keine optischen Aufheller enthalten, zudem muss das Wassersparprogramm des Geräts deaktiviert werden, keinesfalls ist Weichspüler erlaubt, genauso wie das Hineinpressen des Bettes in die Trommel untersagt ist, und der Schleudergang darf 800 Umdrehungen pro Minute nicht überschreiten. Im Wäschetrockner ist das Schonprogramm zu wählen, auf der Leine darf es nicht aufgehängt werden, sondern das Steppbett sollte liegend getrocknet werden. Jetzt wissen Sie also nach eng bedruckten zehn Zeilen Anleitung alles – Sie können wirklich nichts mehr falsch machen. Denken Sie vermutlich – aber der Hersteller schätzt Sie anders ein. In Zeile elf nämlich lautet »unsere Empfehlung: Geben Sie Ihr Bett zusammen mit dieser Anleitung in die Wäscherei«. Das mit dem Buchtitel »Hausfrauen sind doof – und Hausmänner sowieso« überlegen wir uns vielleicht noch mal. Wir könnten im Trend liegen.

Rabatt zum halben Preis

Es war kurz nach der Jahrtausendwende, genauer gesagt, 2001, als in Deutschland etwas schier Unglaubliches geschah: Es trat nicht – wie sonst üblich – schon wieder ein neues Gesetz in Kraft, sondern es wurde eines abgeschafft. Das Rabattgesetz verschwand, und damit entfielen auch zwei Jahreszeiten, nämlich der Sommerschlussverkauf und der Winterschlussverkauf. Keine Fernsehbilder mehr von Frühaufstehern, die Kaufhaustüren belagerten und den so genannten Wühltischen eine echte Bedeutung gaben.

Mit dem Rabattgesetz fielen allerdings auch die letzten Hemmungen, mit Sonderpreisen, Nachlässen und Prozenten zu werben. Lockten einst noch SSV und WSV als Abkürzungen die Kunden, ist inzwischen immer irgendwo Sale. Das ist auf Dauer natürlich langweilig, deshalb musste mehr Spannung und Abenteuer ins Geschäft. Jetzt geht es los mit dem Pre-Sale, ein Lockvögelchen sozusagen, das mit einigen Preisnachlässen winkt und suggeriert: Kannst du jetzt schon günstiger kaufen, wird später aber noch preiswerter – doch dann ist es vielleicht schon weg.

Dann kommt der Sale, und die Sache beginnt unübersichtlich zu werden. Jetzt ist nämlich Kopfrechnen gefragt und Logik obendrein. »Alle Reduzierungen zum halben Preis«, steht auf dem Schild vor dem Modehaus. Aha. Wer wollte nicht schon einmal eine Reduzierung kaufen, und dann auch noch für die Hälfte. Anderenorts wirbt ein Plakat: »Jetzt −50% Rabatt!« Nun wird es richtig interessant, denn rechnen wir mal nach: Wer *minus* 50 Prozent Rabatt gewährt, na? – der schlägt damit 50 Prozent drauf! Leider gibt es nur sehr wenige ehrliche Kunden, die an der Kasse auf den höheren Preis bestehen. Die Welt ist schlecht.

Wer den Sale verpasst hat, muss sich nicht grämen, denn schon kommt Phase drei daher: der After-Sale. Da dürfen Sie dann bis zu 70 Prozent mehr bezahlen, wenn das Schild wieder falsch beschriftet ist, dafür bekommen Sie aber Ware, die schon bei allen Rabattversuchen vorher keiner haben wollte. Die schönen Sachen sind übrigens schick daneben drapiert und natürlich nicht reduziert. Das ist nämlich schon die neue Kollektion, deren Preis alle bevorstehenden Rabatte quasi enthält – oder, anders ausgedrückt: kaufmännische Mischkalkulation.

Irgendeinem Spezialisten muss diese Technik der Mischkalkulation so sehr gefallen haben, dass er nicht nur beim Preis, sondern auch gleich beim Artikel anfing, die Dinge zu vermengen. Und deshalb kann man jetzt bei einer großen Bekleidungskette ein doppelt mischkalkuliertes Schnäppchen machen: Die Schluse ist endlich im Angebot. Jawohl, eine Mischung aus Shirt und Bluse – eine Schluse. Und jetzt verraten wir Ihnen etwas, das nicht einmal der Klamottenladen selbst weiß: Wenn Sie die Schluse auf links drehen, dann haben Sie ein *Blirt*. Aber das bleibt geheim.

Besinnliches Weihnachtsklopapier

Eine Firma, die für Bier und Milchprodukte bekannt ist, hat sich etwas Feines einfallen lassen. Vermutlich hat sich in der Marketingabteilung ein gut bezahlter Fuzzi vor Lachen auf dem Boden gekringelt, als er sich überlegte, herkömmliche Lebensmittel mit neuem Etikett, aber gleichem Inhalt noch teurer zu verkaufen. Möglicherweise geschieht das häufiger. Jedenfalls muss so oder so ähnlich die »Weihnachtsbutter« entstanden sein. Jetzt könnten Sie annehmen, dass die Butter tatsächlich etwas Besonderes ist: mit Pfefferkuchengewürz, Zimt, Kardamom, Koriander oder Nelken. Falsch! Der Inhalt der Weihnachtsbutter ist Butter. Aber auf der Folienunterseite befindet sich immerhin ein Weihnachtsrezept. Eine Zutat – Sie ahnen es – ist Weihnachtsbutter, und wir warnen eindringlich davor, herkömmliche Butter zu verwenden. Falls Sie aus unverständlichen Gründen keine Weihnachtsbutter zu Hause haben sollten, geht auch Osterbutter oder Erntedankbutter.

Was ist aber nun eine Weihnachtsbutter? Der Begriff ist

durchaus historisch verankert, und vermutlich jeder, der älter als 50 ist, wird sich an den so genannten *Butterberg* erinnern, der sich noch bis Anfang der 1980er-Jahre auftürmte. Eine Überproduktion, bei der die landwirtschaftlichen Betriebe ihre Milch und Milcherzeugnisse wie Quark, Butter und Weihnachtsbutter nicht loswurden. Als Konsequenz wurde die Milchquote eingeführt. Um den »Milchsee« zu reduzieren, wurde die Weihnachtsbutter verkauft, die mit staatlicher Auflage nicht mehr als 2 DM kosten durfte.

Vielleicht wird es eines Tages so weit sein, dass man sich von den Verwandten Weihnachtsbutter zu Weihnachten wünscht: Während homophobe und rassistische Weihnachtslieder des unsäglichen Bushido aus dem quakenden Handy ertönen, denn Qualität spielt mittlerweile überhaupt keine Rolle mehr, wartet die mittlerweile ranzig gewordene Weihnachtsbutter unter dem Plastikbaum auf Erlösung. Oder Weihnachtsbutter als feine Dekoration auf dem Esstisch? Mit Piekern. Wie wär's mit einem Adventsbutterkalender mit täglichen Pröbchen?

Weshalb die Weihnachtsbutter auch heute noch unter diesem denkwürdigen Namen verkauft wird – darüber können Sie gerne spekulieren. Der Name klingt vermutlich einfach nur wunderschön. Mit Weihnachten geht alles. Das dachte sich auch eine Schokoladenfirma, die nicht nur einen völlig überteuerten Adventskalender herausbringt, sondern nun auch einen völlig überteuerten »Weihnachts-Countdown« im Sortiment hat. Mit Schokoladenstückchen in homöopathischen Dosen – also wie bei allen anderen auch – und »24 digitalen Überraschungen«. Beim Türchenöffnen singen Sie bitte fröhlich: »Ground Control to Major Tom. Commencing countdown, Engines on.«

Gewiss, ein Countdown wäre vermutlich sogar richtig. Schließlich bedeutet Advent die Ankunft, und wir müssten eigentlich nicht hinauf bis 24 zählen, sondern herunter oder auch zurückzählen – so die korrekte Übersetzung von Countdown – bis zur 0, also zur angeblichen Geburt von Jesu Christi. Selbst wenn wir vom 24. Dezember und nicht vom 6. Januar ausgingen: Die Adventszeit bis zum Heiligen Abend dauert 22 bis 28 Tage; also entsprechend nicht regelmäßig 24 Tage, wie es uns die Türchen zu verstehen geben.

Ein »Weihnachts-Countdown« ist zwar von der Begrifflichkeit her Moppelkotze, inhaltlich wäre er allerdings besser, wäre, ja, wäre da nicht die Tatsache, dass sich die Schokoladenfirma ebenfalls für den Namen »24 Doors« entschieden hat. Man muss nicht christlich sein. Rein traditionell gesehen, sollte der Adventskalender doch bitte weiter Adventskalender heißen. Gerne mit der Optimierung eines echten liturgischen Adventskalenders mit der richtigen Anzahl der Tage. Doch dann könnte die palmölverseuchte Schoki nicht mehr im darauffolgenden Jahr verkauft werden. Ein Dilemma!

Und auch auf eine Weihnachts-Edition des Toilettenpapiers, die als »Winter Edition« mit »winterlichem« und sogar Spekulatius-Duft erscheint, können wir getrost verzichten. Genauso wenig freuen wir uns über eine Fleischerei, die ihre »Nikolaus-Cervelatwurst« im »Nikolaus-Darm« präsentiert, mit dem gleichzeitigen Hinweis, dass am 6. Dezember ja »der Nikolaus kommt«. Will man das wirklich aus dem Darm vom Nikolaus haben?

Verbraucherinformation

Seien Sie unbesorgt, es folgt keinesfalls Werbung – selbstverständlich sind das alles »Verbraucherinformationen«. So bezeichnen jedenfalls die kleinsten anzunehmenden Werbetexter ihr Gehirnejakulat. Wo kämen wir denn hin, wenn Werbung als solche benannt würde und womöglich noch die ursprüngliche Bezeichnung Reklame darüber prangt?

Schlicht und sachlich will sie daherkommen, die neue Werbung, die keine sein möchte. Und mal ehrlich: Wenn Sie Ihre Wohnung loswerden wollen, wie würden Sie es formulieren, um den Grund Ihres Auszugs zu vernebeln? Hier ein unverbindlicher Vorschlag: »*Zentral gelegene* Wohnung in *aufstrebendem* Stadtteil mit sozialer Nähe, z. B. durch abendliche Tanzveranstaltungen. Verkehrsgünstige Lage, interessant auch für Pendler: Nur *kurze Transferzeiten zum Flughafen*. Dennoch ruhig und idyllisch. *Zweckmäßig geschnitten*, mit Balkon zur *Sonnenseite*. Schnell Termin zur Besichtigung vereinbaren, da große Nachfrage!«

Klingt doch wirklich nicht übel! Nur eine Verbraucherinformation ist das ganz sicher nicht – deshalb hier nun eine kleine Übersetzung. Tatsächlich steht da nämlich: »Wohnung im Zentrum, direkt über einer Diskothek. An einer sechsspurigen Durchgangsstraße gelegen, zudem in der Einflugschneise des Flughafens. Sonntags kann es bei geschlossenen Fenstern und Türen etwas ruhiger sein. Die Räume sind hässlich, aber praktisch. Wären keine Hochhäuser daneben, könnte die Sonne sogar auf den Balkon scheinen. Melden Sie sich, sonst werden wir diese miese Wohnung nie los!«

Na, ist das nicht verlockend? Oder erinnert Sie das etwa an Ihren Urlaub neulich am Meer. Da war das Hotel ja »strandnah« gelegen. Und mit dem Bus, der alle drei Stunden fuhr, war es auch wirklich nicht weit zur »naturbelassenen« Küste. Gut, Sand gab es da nicht – aber davon war ja auch nicht die Rede. Also beschweren Sie sich jetzt nicht darüber, dass die steilen Felsen und die großen Steine etwas unangenehm für ein bequemes Sonnenbad waren.

Und wenn Sie jetzt die berechtigte Forderung stellen, die Firmen sollten doch einfach mal die Wahrheit in der Werbung sagen – manchmal tun sie das sogar! Zwar nicht so schlicht und schnörkellos wie »der Kreis ist rund« oder »das Quadrat hat vier Ecken«, aber was halten Sie von dieser Lobpreisung: »Der Honig ist eines der natürlichsten Produkte, das die Natur uns gibt«. Das zergeht nicht nur auf der Zunge, es verpufft geradezu bei näherer Betrachtung – denn es ist eine selbstverständliche Selbstverständlichkeit, ein runder Kreis, ein viereckiges Quadrat, eben ein natürliches Naturprodukt.

Wenn Sie diesen sprachlichen Trick richtig gut draufhaben, dann gehen Sie auch als Gewinner aus folgendem

Dialog hervor, der sich neulich in einem ICE-Abteil ereignete:

Service: »So, bitte sehr, Ihr Milchkaffee.«

Gast: »Vielen Dank. Ist da schon Milch drin?«

Service: »Wir servieren unseren Milchkaffee stets mit Milch, der Herr.«

Fantasie-Klasse

Willkommen an Bord! Das hören wir gern, denn dafür haben wir auch viel Geld auf den Tisch geblättert. An Bord sind wir natürlich rein sprachlich immer willkommen – letztlich klingelt die Kasse auch bei *Sparpreisen*, obwohl wir gerade mit einem fürstlichen Gefühl in der ersten Klasse Platz genommen haben. In diesem Fall lässt sich das leicht unterscheiden, denn die oft geschmähte deutsche Gründlichkeit prangt im Bahnverkehr ganz unverschnörkelt auf den Waggons, und zwar groß und deutlich, entweder eine dicke 2 oder eine 1.

Diese Kennzeichnung der Klassen finden Sie auch anderenorts, aber da ist die Marketingabteilung noch mal aktiv geworden: In Frankreich beispielsweise wird Ihnen das Gefühl von Behaglichkeit untergejubelt, denn dort haben Sie die Wahl zwischen »Comfort 2« und »Comfort 1«. Das klingt ausgesprochen komfortabel, erwarten Sie aber nicht, dass Ihnen in der ersten Klasse (vom Thalys abgesehen) irgendetwas an den Platz gebracht wird. Nur die Sitze sind etwas breiter.

Echte Fantasie finden Sie auf hoher See. Je nach Reederei gehen Sie nämlich an Bord der »Phantasia«-Klasse. Oder bevorzugen Sie die »Quantum«-Klasse? Die »Millenium«-Klasse? Vielleicht doch die »Voyager«-Klasse oder besser die »Sovereign«-Klasse? Musikfreunde könnten sich für die »Oasis«-Klasse entscheiden und Forschungsinteressierte für die »Xperience«-Klasse. Und wissen Sie was? Es ist vollkommen egal. Denn all diese Klassifizierungen sind im Vergleich erst einmal wertlos. Es gibt in der Schifffahrt keine Normen dafür. Genauer gesagt: Alle genannten Klassen leiten sich lediglich von den Namen der großen Vergnügungsdampfer ab. Werden mehrere baugleiche oder ähnliche Schiffe eingesetzt, dann werden sie mit ihren Vorgängern in eine Klasse gepackt. Das ist alles.

In der Luft ist zwar keine *Fantasia*-Klasse unterwegs, aber das Zauberwort *Premium* tut seine Arbeit: Und das nicht etwa auf den teuren Plätzen der *First Class* – nein, die gerne als Holzklasse bezeichnete *Economy*-Klasse hat bei einigen Fluggesellschaften ein *Premium* verpasst bekommen. Von Fünf-Sterne-Niveau auf sämtlichen Plätzen in der Maschine ist in der Werbung die Rede, was aber natürlich nicht bedeutet, dass alle Passagiere plötzlich und unerwartet wie Staatsgäste umsorgt werden. Bei genauerem Hinsehen geht es um ein paar Zentimeter mehr Beinfreiheit, Häppchen auf einem Salatblatt, die nicht mehr auf Plastik, sondern auf Porzellan drapiert sind, und etwas mehr Gepäck, das ohne Aufpreis im Laderaum verschwindet. Auf der

Langstrecke schlägt diese Variante von Premium mit mehreren hundert Euro zusätzlich zu Buche. Irgendwo muss die Dividende für die Aktionäre ja herkommen.

Zurück am Boden – und mit welcher Buchungsklasse auch immer Sie dort hingeraten sind – wartet beim Autovermieter dann ein weiteres Puzzle auf Sie. Ein Buchstabengewirr aus sage und schreibe 18 × 22 × 6 × 18 Varianten steht zur Verfügung. Vier Punkte werden miteinander verknüpft, nämlich Fahrzeugkategorie, Bauart, Antrieb und Treibstoff/Klimaanlage. Das Ergebnis ist immerhin einheitlich zwischen den großen Autovermietern geregelt – also zumindest vergleichbar. Nun also viel Vergnügen bei den nahezu endlosen Kombinationen. Sie haben CLMR gebucht? Also C für Kompaktklasse, L für Limousine, M für manuelle Schaltung und R für nicht festgelegte Treibstoffversorgung mit Klimaanlage? Dann rechnen Sie mal mit einem Auto von Golf bis A-Klasse mit vier Türen, Schaltgetriebe und Klimaanlage. Wäre Ihnen ein zweitüriges Fahrzeug lieber gewesen, dann hätten Sie besser B als zweiten Buchstaben gebucht. Und Freunden des Automatikgetriebes sei als dritter Buchstabe A dringend empfohlen.

Auffallend schick in der langen Liste der Fahrzeugkategorien ist übrigens der Zusatz »Elite«. Alle Klassen – von Mini über Economy, Standard, Premium und Luxury – gibt es jeweils auch als Elite-Variante. Dabei handelt es sich meist um vier statt nur zwei Türen, oder eine Cabrio-Version. Das Feuerwerk der Begriffe aber gleicht einem Silvesterabend: blendend helle Raketen und ohrenbetäubende Böller. Obwohl nur das Datum wechselt. Unser heimlicher Favorit in diesem Dschungel aber ist die »Referenzklasse«. Mit diesem magischen Begriff lässt sich so fantasiereich zaubern, dass fast alles möglich wird. Sie könnten sich zum Beispiel irgendwo bewerben – sagen wir als Sachbearbeiterin – und schreiben dann Folgendes: »Im Vergleich zur Referenzklasse ist meine Projektabwicklung bis zu 30 Prozent effektiver.« Klingt das nicht fantastisch? Und es ist nicht mal gelogen. Es entsteht zwar der Eindruck, mit der Referenzklasse seien andere Sachbearbeiterinnen gemeint, aber der Begriff ist nicht näher definiert. Kombiniert mit aus der Luft gegriffenen 30 Prozent und einem Gummiwort wie Projektabwicklung haben Sie einen mittelgroßen Industrielagertank mit moderner heißer Luft gefüllt. Gratulation!

Politik

Politiker verstehen es hervorragend, die Sprache für ihre Zwecke zu manipulieren und die Wähler in die Irre zu führen. Das machen sie derart geschickt, dass ihre Formulierungen nicht selten auch in den Medien wiederzufinden sind, ohne als Zitat gekennzeichnet zu sein. Sollte beispielsweise ein geplantes Gesetz zu viel Gegenwind von Opposition, selbsternannten »Experten« oder öffentlicher Meinung, die mal mehr, meist weniger repräsentativ ist, bekommen, dann wird häufig nachgebessert. Eine interessante Wortschöpfung aus der politischen Trickkiste, denn sie unterstellt, dass jede Änderung auch eine Verbesserung ist.

Nicht jede Sprache der Politik ist allerdings eine Lüge, das zu behaupten wäre vermessen. Doch Beispiele finden sich fast täglich. Beliebt ist auch der Mindestlohn. Oder war es die Lohnuntergrenze? Zumindest die Union beharrt auf »Lohnuntergrenze«, während die Sozialdemokraten, die Grünen und die Linken von einem »Mindestlohn« sprechen. Gemeint ist eigentlich das Gleiche, und dennoch gibt es zwischen beiden viel Interpretationsspielraum. Die CDU/CSU verlangt mit ihrem Wort, dass eine Untergrenze eingehalten werden soll, während der »Mindestlohn« noch Luft nach oben fordert.

Politik ist immer auch PR, und je schlechter etwas präsentiert wird, desto geringer ist die Glaubwürdigkeit – und das unabhängig vom Wahrheitsgehalt. So verwundert auch eine Studie nicht, wonach nur 60 Prozent der Deutschen die CDU/CSU für glaubwürdig halten, 58 % die SPD, 54 % die Grünen, 30 % die Linke, 26 % die FDP und 18 % die AfD. Die Zahlen variieren von Tag zu Tag, aber dann doch zu wenig, als dass man Politikern unterstellen könnte, sie hätten die Wahrheit neu erfunden. Umgekehrt könnte man also auch sagen, dass rund die Hälfte der Bundesbürger die CDU, die SPD oder die Grünen für unglaubwürdig hält. Sprache verrät, auch wenn die Wahrheit verschleiert wird.

Manche Formulierung versteht auch einfach niemand, der nicht zum betreffenden Themenfeld gehört. Schon mal vom Eurobond gehört? Vielleicht so ne Mischung aus Europäischer Union und James Bond? Klingt logisch. Oder irgendwas mit Wirtschaft. Ach ja, dieser Rettungsschirm. Das sollten wir nehmen, hieß es wohl aus der PR-Abteilung. Das versteht doch sicher niemand, klingt aber ungemein positiv.

Statt als Stammtischtäter Sinti und Roma zu diffamieren, sie würden nur die Sozialleistungen Deutschlands ausnutzen, griffen Sicherheitsbehörden und die Politik aufs Bürokratendeutsch zurück und schufen den Rotationseuropäer.

Schon mal was von Sozialtourismus gehört? Bitte schnell wieder vergessen, denn so wurden offiziell Einwanderer genannt, die angeblich den Sozialstaat ausbeuten. Immerhin wurde dieser Begriff 2013 »Unwort des Jahres« – zu Recht! Hier setzt die Politik eine propagandistische Sprache ein.

Doch nicht nur bei Politikern gibt es eine eigene Fachsprache. Außenstehende befinden sich nicht selten in einem amüsanten Kuriositätenkabinett: »Ich mache dir mal eben Ebola« bedeutet nicht, dass hier ein gemeiner Kollege das gefährliche Virus in den Kaffee schüttet, sondern heißt in Redaktionen schlicht, dass ein Text – zum Beispiel für den Nachrichtensprecher – geschrieben und vorbereitet wird. Über Ebola. Klar. Und »Code 500 bei der Warenausgabe« – über Lautsprecher verkündet, deutet nicht auf eine Computerpanne hin, sondern ist das Kennwort, das dringend einen betrieblichen Ersthelfer in einem Möbelhaus verlangt.

Verschleierungstaktiken
in der Geheimdienst-Affäre

Der frühere Geheimdienstagent Edward Snowden brachte im Juni 2013 den Skandal der weltweiten, flächendeckenden und grundrechtsverletzenden Ausspähung mit der Veröffentlichung streng geheimer Daten des mächtigsten Geheimdienstes der Welt ins Rollen. Szenenwechsel, zwei Monate später: »Der Vorwurf der vermeintlichen Totalausspähung in Deutschland ist nach den Angaben der NSA, des britischen Dienstes und unserer Nachrichtendienste vom Tisch. Es gibt in Deutschland keine millionenfache Grundrechtsverletzung, wie immer wieder fälschlich behauptet wird«, tönte tollkühn der damalige Kanzleramtschef Ronald Pofalla. Mit dem Pressestatement nach der Sitzung des Parlamentarischen Kontrollgremiums im August 2013 wollte er die Geheimdienst-Affäre rund um NSA und GCHQ für beendet erklären und ging mit diesem Fettnäpfchen in die Geschichte ein.

Statt des erhofften Befreiungsschlages überzogen Spott und Häme das Land: »Pofalla beendet Dinge« avancierte zum viralen Hit. Mochten »Der Klimawandel ist aus meiner Sicht beendet«, »Die Bauarbeiten am #BER erkläre ich hiermit für beendet« und »Aus meiner Sicht ist Schuberts 8. Sinfonie hiermit beendet« für den Moment komisch sein, die Lügen der Presseerklärung Pofallas waren so eklatant wie symptomatisch für die gesamte Geheimdienst-Affäre.

So ziemlich alles in seiner Aussage war erstunken und erlogen, wie sich später – nach weiteren Enthüllungen Snowdens – herausstellte. Und wenn die Behauptungen an manchen Stellen nicht gelogen waren, waren sie schlichtweg falsch.

Am Ende desselben Jahres trat Pofalla von allen Ämtern zurück, zwölf Monate später wechselte er zur Deutschen Bahn. Leider wurde er nicht als Ansager in den Bahnhöfen verpflichtet. Wie wunderbar hätte es geklungen, wenn DJ Pofalla in das smarte Mikrofon der Bahnhofshalle gesprochen hätte: »Ich erkläre diesen Zug für beendet. Bitte alle aussteigen. Es gibt nichts zu sehen!«

Pofalla war gewiss nicht allein. Viele Politiker sind Meister der hohen Kunst, nicht zu lügen, aber auch nicht die Wahrheit zu sagen, sie sind Profis der Rhetorik. Allerdings war Pofalla der deutsche Auslandsgeheimdienst BND unterstellt und als Chef des Bundeskanzleramts müsste er auch durch die wöchentliche »Nachrichtendienstliche Lage« Bescheid gewusst haben.

Recht und Gesetz – und so

Pofalla, der stellvertretend für die Bundesregierung sprach, vermied also nicht nur die Wahrheit – nach bisherigem Stand steht auch der Vorwurf der Lüge im Raum. »Recht und Gesetz werden in Deutschland nach Angaben der NSA und des britischen Nachrichtendienstes eingehalten«, ergänzte Pofalla, was aber nicht ausschließt, dass sich NSA und GCHQ irrten oder die Gesetze sogar umgingen.

Und auch im eigenen Land sieht es nicht anders aus. Pofallas »Unsere Nachrichtendienste leisten rechtsstaatlich korrekte und gute Arbeit« klingt auch nicht besser als die Einschätzung der Amis und Briten, man hätte sich doch an deutsche Gesetze gehalten. »Sehr gut« arbeiten sie offensichtlich nicht. Und rechtsstaatlich? Nun ja. Ethisch und moralisch? Darüber sollte diskutiert werden.

Im hochgelobten und vielfach ausgezeichneten Kinofilm »12 Years a Slave« stellt ein einfacher Schreiner im Jahr 1853 das Sklaverei-Gesetz in den USA im Gespräch mit einem rassistischen Farmer in Frage: »Das Gesetz beruht auf einer Lüge. Angenommen, ein neues Gesetz nimmt Ihnen Ihre Freiheit und macht Sie zum Sklaven, was wäre dann? Gesetze ändern sich. Universelle Wahrheiten sind ewig gültig. Deshalb ist auch hier – wie überall sonst auf der Welt – das Wahre und Richtige für alle wahr und richtig. Es ist ein furchtbares Übel, es lastet auf dieser Nation, und der Tag der Abrechnung wird kommen.«

Die Parallele der zwei Zeiten und Welten ist erdrückend. Gut, jedes Land hat andere Gesetze – und selbst unsere Gesetze ändern sich fast täglich. Gesetze gibt es, um das Miteinander zu regeln. Sie sind manchmal auch nur ein Kompromiss oder ein kleinster gemeinsamer Nenner. Gesetze können auch einschränken und bringen so unweigerlich Bevorteilte und Benachteiligte hervor, obgleich die Regeln sie paradoxerweise zu verhindern versuchen. Aber auf keinen Fall gibt es perfekte Gesetze, die kann es auch nicht geben. Wir sind alle Individuen. Wir sind alle völlig verschieden. Wir nicht.

Mit Blick auf die Geheimdienst-Affäre wurde eines wieder einmal deutlich: Rechte und Gesetze werden massiv gegeneinander ausgespielt. Ja, auch Grundgesetze werden durch andere Gesetze ausgehebelt. Der Artikel 10 des Grundgesetzes besagt, dass das Brief-, Post- und Fernmeldegeheimnis unverletzlich sind. Möhp. Sind sie nicht. Das »Gesetz zur Beschränkung des Brief-, Post- und Fernmeldegeheimnisses« – auch als G10 bekannt – hebelt den Paragrafen der rechtlichen und politischen Grundordnung der Bundesrepublik Deutschland aus.

Merkel schafft es ja immer wieder äußerst geschickt, sich aus hausgemachten Skandalen herauszuhalten. Aber nur oberflächlich. Schweigen, beschwichtigen, sich herausreden. Sie gab Deutschland das Versprechen, die Affäre »vollständig aufzuklären«. »Mir ist es nicht bekannt«, sagte Merkel wenige Wochen vor der Bundestagswahl auf die Frage nach der Zusammenarbeit mit anderen Geheimdiensten. Klang gut, mittlerweile wissen wir: eine Nullnummer. Wenn's hart auf hart kommt, entfallen millionenfach die synaptischen Verbindungen im Gehirn. Vor allem bei Politikern: »Ich kann mich nicht daran erinnern.« Was aber nicht bedeutet, dass es nicht so war. Eine kognitive Explosion von Nebelgranaten.

Immerhin kündigte die Bundeskanzlerin frohen Mutes an, dass man die Datenschutzgesetze »weiterentwickeln« müsse, und blieb auch mit diesem Pustekuchen jede Erklärung schuldig. Mit »weiterentwickeln« oder »nachbessern« wird jede Kritik am Vorherigen vermieden – und ob das, was folgt, tatsächlich besser wird, bleibt abzuwarten.

Mit einem »No-Spy-Abkommen« – also dem Verzicht, sich unter Freunden zu bespitzeln – sollte eigentlich alles wiedergutgemacht werden. Das Volk sollte zur Bundestagswahl gebauchpinselt werden und sich in Sicherheit wiegen. In Pofallas legendärem Fehltritt behauptete er, dass »die US-Seite (...) den Abschluss eines *No-Spy*-Abkommens angeboten« hätte. Tatsächlich waren es nicht die USA, sondern die deutsche Bundesregierung wollte den bilateralen Verzicht auf gegenseitige Spionage durchdrücken. Anfang 2014 scheiterte der Versuch – nicht ganz unerwartet. Die USA hatten weder diese tollkühne Idee, noch ließen sie sich auf den Deal ein. Die Deutschen standen mit leeren Händen, Pofalla und Merkel mit vollem Mund da. Als Merkel zwei Jahre nach dieser Lüge dazu befragt wurde, sagte sie – kleine dramaturgische Pause, bitte kurz durchatmen –, dass Pofalla »nach bestem Wissen und Gewissen gehandelt hat«.

Der Kampf gegen Terrorismus

Entfernt sich Deutschland vom demokratischen Rechtsstaat? Der vermeintliche »Kampf gegen den Terrorismus« ist nur ein Totschlagargument. Der Zweck heiligt die Mittel, und wir fallen immer wieder auf die sprachlichen Lügen herein: »Die Folge davon ist, dass wir Leben retten«, begründete US-Präsident Barack Obama die Datensammlung, ohne tatsächlich zu begründen, wo dieser »Anti-Terror-

Kampf« Leben retten konnte und wo er Menschen gefährdete oder Schlimmeres. Wie viele Menschen wurden eigentlich neutralisiert oder getötet wegen des vermeintlichen Kampfs gegen den Terrorismus? Wie viele Zivilisten kamen dabei ums Leben?

Bundesaußenminister Frank-Walter Steinmeier feierte fast schon, weil er an die Grenzen des Rechtsstaates gegangen war, denn die Öffentlichkeit wüsste ja gar nicht, »wie viel Energie wir darauf verwendet haben, unser Handeln in nicht ganz einfacher Zeit auf dem Kurs von Zivilität und Rechtsstaatlichkeit zu halten.« Und der damalige Bundesinnenminister Hans-Peter Friedrich stellte die vermeintliche Sicherheit sogar einem »Supergrundrecht« gleich. Erfinden wir einfach neue Wörter? Unsere Grundrechte zum Schutz der Menschenwürde, die Rechte auf Freiheit, Privatsphäre und die Persönlichkeitsrechte sind angesichts eines *Supergrundrechts* also entsprechend weniger wert. Genau genommen stuft er damit die Grundrechte in Deutschland herab und bedient sich dabei nicht mal einer Verfassungsänderung. Ist natürlich nur so eine Vermutung… »Supergrundrecht« hatten wir halt nicht in der Schule.

Wenn behauptet wird, dass sich die Geheimdienste an die deutschen Gesetze halten, ist dies zumindest eine steile These. Die Aussagen einiger, teils ranghoher deutscher und amerikanischer Geheimdienst-Mitarbeiter im NSA-Untersuchungsausschuss des Bundestages lassen den Schluss zu, dass bestehende Gesetze offenbar sehr dehnbar sind und sich die Geheimdienste in einer Grauzone befinden, die dem Staat im Staate wohl selbst derart schwammig erscheint, dass man sich häufig nicht einig und sicher war, was erlaubt ist und was nicht. Öffentlich wird dann gerne auch von »strittigen Gesetzesauslegungen« oder »Unschärfen« gesprochen, obwohl unstrittig scharf betrachtet klar sein dürfte, dass deutsche Gesetze verletzt wurden. Ist Ihnen schon einmal aufgefallen: Wenn tatsächlich Vergehen zugegeben werden – und das gilt nicht nur für die Geheimdienst-Affäre –, handelt es sich natürlich immer um einen Einzelfall. Und natürlich auch nie vorsätzlich! Es sei denn, man möchte etwas dramatisieren, dann ist es natürlich kein Einzelfall. Sprache verrät.

Jeder in den Ministerien, Behörden und Ämtern hätte »nach bestem Wissen und Gewissen gearbeitet«, dementierte Merkel sogar noch im Frühling 2015. Was auch immer diese leere Worthülse bedeuten mag. Hieß es nicht schon zwei Jahre zuvor, alles sei »vom Tisch«? »Melden macht frei und belastet den Vorgesetzen«, lautet ein dumpfer Spruch aus der Bundeswehr, der stellvertretend für den gesamten öffentlichen Dienst gilt. Vermutlich führt genau dieses Denken dazu, dass sich manch ein Beschwerdeflug in der höheren Bürokratosphäre verflüchtigt.

Ausspähen von Freunden

Während Merkel – wie eigentlich immer zu Beginn einer Krise – zurückhaltend reagierte und in ihrer Raute nach einer gemeinsamen Lösung suchte, änderte sie scheinbar für einen kurzen Moment den Blickwinkel: Es kam heraus, dass auch ihr Handy abgehört wurde. Von der NSA. Seitdem trägt das verschlüsselte Gerät den Spitznamen »Merkel-fon«. »Aus meiner Interessenssicht ist es nicht eine partner-schaftliche Zusammenarbeit, wenn so etwas vorkommt.«

»Das Ausspähen von Freunden geht gar nicht.« Doch, geht! Nachdenklich stimmt ein Satz, der darauf folgte: »Wir brauchen Vertrauen unter Verbündeten und Partnern. Und solches Vertrauen muss jetzt wieder neu wiederherge-stellt werden.« Vom *Handygate* wusste Obama angeblich nichts. Die andere Seite der Medaille: »Frau Bundeskanz-lerin, Sie werden jetzt und in Zukunft nicht von uns über-wacht.« Tja, und in der Vergangenheit? Zudem wurde bekannt, dass die USA bei den Verhandlungen um das *No-Spy*-Abkommen besonders jene Zusage verweigerten, auch die Minister und andere wichtige Entscheidungsträger in Deutschland nicht mehr zu überwachen. Mehrere Hundert Spitzenpolitiker und Wirtschaftsbosse in Deutschland sind wohl betroffen. Namentlich genannt wurde Bundesinnen-minister Thomas de Maizière. Für ihn und alle anderen gilt Obamas Zusage selbstverständlich nicht. Nur Merkel wird angeblich nicht mehr belauscht.

Auch die Deutschen tricksen mit sprachlichen Finessen: Es gebe keine »gegenseitige Spionage« und »eine millio-nenfache monatliche Weitergabe von Daten aus Deutsch-land an die NSA durch den BND findet nicht statt«, bekräf-tigte BND-Präsident Gerhard Schindler. Vielleicht ist die Weitergabe keine Lüge, denn wie mittlerweile bekannt ist, arbeiten NSA und BND an mehreren Standorten in Deutsch-land eng und unter fragwürdiger rechtlicher Grundlage zu-sammen. Die Daten werden also vielleicht gar nicht weitergegeben, sondern nur gemeinsam genutzt. Schindlers Satz wäre keine Lüge, sondern verschleierte möglicherweise nur die Wahrheit.

Interpretation von Gesetzen

Wenn es kriselt, wird übrigens nicht nur gerne auf die Gesetze, die angeblich eingehalten worden seien, verwiesen, sondern auch auf die »Freundschaften beider Länder«, wie im Fall der NSA-Affäre von US-Außenminister John Kerry immer wieder betont. Von Charles de Gaulle, der 1959 bis 1969 französischer Präsident war, stammt das zeitlose Zitat: »Zwischen Staaten gibt es keine Freundschaft, sondern nur Interessen.« Aber Freundschaften und Partnerschaften klingen so wunderbar nebulös.

Den Menschen interessiert das alles eh nicht. Oder wie erklären Sie sich den wenigen Protest in den vergangenen Jahren? Solange kein seltsam wirkender Herr im Trenchcoat mit dunkler Sonnenbrille und Fedora bei Ihnen zu Hause in der Unterhosen-Schublade rumwühlt und Ihre privaten Briefe durchliest, während er eine Pistole an Ihre Schläfe hält, wird jede Grundrechtsverletzung als Illusion verdrängt. »Ich habe ja nichts zu verbergen« und »Ich bin ja nicht wichtig genug, dass ich abgehört werde«, hört man immer wieder. Kognitive Dissonanz nennen Psychologen und Pädagogen dieses Phänomen. Alles, was wir tun, schreiben, sehen, denken, fühlen, wird überwacht. Menschen sind schon bemerkenswerte Wesen, so etwas verdrängen zu können. Leider erhält das nicht nachdenken wollende Volk auch noch von jenen Beifall, die in ihrer Funktion die Grundrechtsverletzungen verhindern müssten, sie aber gleichzeitig aushebeln.

»Einzelfälle«?

Dass die NSA die Daten des BND zweckentfremdeten, davon wissen die deutschen Geheimdienste mindestens seit 2008, was sogar schon das Bundeskanzleramt zugab, und vermutlich auch der damalige Kanzleramtschef Thomas de Maizière, der für den BND zuständig war. Und was sagte er 2015, als das herauskam? Wegen der »streng geheimen« Unterlagen könne er leider nichts sagen. Wie praktisch. Und die Regierung? Es gab »technische und organisatorische Defizite beim BND«, gab Regierungssprecher Seibert 2014 zu. Ach was. Mit anderen Worten: Mehr als sechs Jahre lang wurde nichts gegen die rechtswidrige Spionage von Politik und Wirtschaft in Europa unternommen, obwohl Regierung und Geheimdienste ganz offensichtlich davon wussten? Mit *Defiziten* wird versucht, jede Kritik im Keim zu ersticken. Man sei ja auf einem guten Weg. Alles wird besser. Tatsächlich verhielten sich Politiker gesetzeskonform, denn es war und ist ihnen erlaubt zu lügen. Lassen Sie sich das auf der Zunge zergehen! Transparenz ist die Basis einer Demokratie – und wir verlassen sie. Oder wie interpretieren Sie es, dass der Generalbundesanwalt nicht einen einzigen NSA-Offizier in Deutschland wegen nachrichtendienstlicher Agententätigkeit verhaften ließ? Eine unabhängige Justiz würde handeln. Stattdessen ermittelte die Staatsanwaltschaft des Bundes ausgerechnet gegen jene, die versuchen die Skandale aufzudecken, einzuordnen und zu veröffentlichen. Wegen vermeintlichen Landesverrats standen Journalisten, die sich vermutlich leichter einschüchtern lassen, im Fokus der Ermittlungen. Ein Angriff auf die Pressefreiheit. Leider eine Attacke gegen die Falschen.

Bundesregierung mit leisen Tönen

Es gab auch Protagonisten, die nicht ganz so laut gegen die flächendeckende Überwachung polterten. Zum Beispiel Bundesaußenminister Steinmeier. Als das *No-Spy*-Abkommen erwartungsgemäß scheiterte, verlangte er einen »Cyber-Dialog« – wir vermuten, irgendwas mit Disketten – und damit neue internationale Spielregeln für das Internet. Vielleicht war das aber auch nur eine fluffige Luftnummer, um von etwas anderem abzulenken?

Als 2002 die Daten-Weiterleitung durch den BND an die NSA genehmigt wurde, verantwortlich ist das *Memorandum of Agreement*, befanden sich auf dem geheimen Dokument neben dem früheren BND-Chef Hanning und dem damaligen NSA-Chef Hayden auch die Unterschrift von Kanzleramtschef Steinmeier, der diese höchst umstrittene Vereinbarung absegnete. Nachdem das bekannt wurde, kamen skurrile Rechtfertigungsversuche: »Allein der Verweis darauf, dass irgendeine Entscheidung 2002 das alles hätte vorbereiten können, ist doch abstrus. (...) Das *iPhone* ist erst 2007 in den Markt geraten und damit die massenhafte Internetkommunikation über Smartphones.« Was auch immer das Smartphone als eine von zahlreichen möglichen Daten-Zapfstellen damit zu tun hatte, bleibt ein Rätsel.

Alleine seine zeitliche Einordnung ist verräterisch. Schon 2004 begann die Daten-Weiterleitung: Der eigentlich nur für das Ausland zuständige BND zapfte dafür den Knotenpunkt »DE-CIX« in Deutschland an und leitete von 2004 bis 2007 Rohdaten an die NSA weiter. Steinmeier war bis Ende 2005 Geheimdienstkoordinator und damit der oberste Chef der deutschen Nachrichtendienste. Er ebnete also nicht nur den Weg für die digitale Totalüberwachung in Deutschland und winkte sie in seiner Funktion durch, sondern wusste über mehrere Jahre hinweg auch aus erster Quelle, dass dies täglich geschieht. Um weiter zu beschwichtigen, bediente er sich der Merkel'schen Phrasendreschmaschine: »Unsere Partnerschaft mit den USA ist ohne Alternative.« Doch! Denn nichts ist alternativlos, aber auch nicht alles ist obligatorisch. Alternativlos ist hingegen die Lüge, wie Merkel in der Bundespressekonferenz im August 2015 behauptete: Die große Koalition hätte die NSA-Affäre »ganz hervorragend (…) bewältigt«.

Wahlspektakel

»Lassen Sie mich zunächst den Wählerinnen und Wählern danken« – dieser Satz muss irgendwo in einem Handbuch stehen, das in überwältigender Auflage sämtlichen Politikern zugesandt wurde. Wer auch immer dieses dubiose Handbuch geschrieben haben mag: Die Empfehlung, diesen Satz stoisch zu Beginn jedes Interviews zu wiederholen, war kein guter Ratschlag. Erst recht, wenn ein Wahlverlierer befragt wird, der eben unter der Fünf-Prozent-Hürde durchgetaucht und aus dem Parlament geflogen ist. Na, der wird sich bedanken, denkt der interessierte Zuschauer – und tatsächlich, er tut's. Er dankt seinen Wählerinnen und Wählern. Und wofür? Danke, dass mein politischer Einfluss auf die Ebene einer Häkelgruppe geschrumpft ist? Danke, dass Sie mich um meine hochgradig vierstelligen Diäten gebracht haben? Danke, dass ich keinen Chauffeur mehr habe? Nein, natürlich nicht. Hier wird mit vorgespielter Dankbarkeit versucht, das Gesicht zu wahren; nur ehrlich ist es nicht.

Dem Wahlsieger hingegen wurde bereits in sämtlichen Berichten ein Erdrutschsieg bescheinigt. Erdrutschartig sei es der Partei gelungen, eine Mehrheit zu erzielen. Klingt gewaltig und überzeugend, wenn da nicht die Schwerkraft wäre. Erdrutsche haben nun mal physikalisch gesehen nur eine Richtung: Von oben nach unten. Und da unten ist jetzt der Wahlsieger? Ja. Denn dieses Sprachbild ist einmal um die Ecke gedacht. Es orientiert sich nicht an der Schwerkraft, sondern an der Naturgewalt. Auch wenn es also kurios erscheint: Der erdrutschartige Wahlsieg referiert auf die große Kraft, die eine Naturgewalt entfaltet.

Wenn nun aber der Erdrutsch schon für den Sieger reserviert ist, was ist mit dem Verlierer? Funktioniert es da genauso entgegen der Schwerkraft? Der Logik des Erdrutsches folgend, müsste der ja eine *vulkanartige* Niederlage erlitten oder wie eine Rakete verloren haben. Beides zeigt Bewegung entgegen der Schwerkraft. Nur benutzt wurden sie nie – warum denn bloß? Wahlverlierer bekommen nur Etiketten verpasst, die einer sprachlichen Vernichtung gleichkommen. Sie erlebten ein Debakel, einen Absturz oder wurden abgestraft. Nur *erdrutschartige Verluste* haben sie nicht erlitten. Denn die sind – entgegen der Schwerkraft – schon in Gewinne umgemünzt worden. Warum? Wir könnten es Ihnen vielleicht erklären, wenn wir endlich dieses Handbuch mal in die Finger bekommen würden.

Preisbremse

Politiker sollen endlich Klartext reden. Das ist eine Forderung, die noch viel älter ist als sämtliche Parlamentsgebäude in Deutschland. Und eine Forderung, die von Wählern gestellt wird, die gerne verstehen würden, was die Frau Ministerin oder der Herr Abgeordnete eigentlich meinen, wenn sie etwas sagen. Klartext ist übrigens keine Floskel. Das Gegenteil heißt Geheimtext. Beide Begriffe stammen aus der Technik, Informationen zu verschlüsseln. Chiffrieren und Dechiffrieren, also Geheimtext erstellen und ihn am anderen Ende wieder in Klartext umwandeln.

Diese Technik ist einfach zu praktisch, um sie nicht im politischen Geschäft zu nutzen. Allerdings in leicht abgewandelter Form. Es findet zwar eine Chiffrierung statt – aber die Informationen zur Entschlüsselung werden nicht weitergegeben. Ein geschickter Schachzug. Ein prominentes Beispiel für diese einseitige Verschlüsselung ist die Preisbremse. Ein Begriff, der nahezu unwiderstehlich ist, denn man kann ihn mit allem verknüpfen, was Geld kostet. Und zu teuer ist natürlich grundsätzlich erst einmal alles. Wie sonst hätte ein Werbeslogan namens »Geiz ist geil« Einzug in den allgemeinen deutschen Sprachgebrauch finden können?

Inzwischen werden ganze Serien von Preisbremsen propagiert: Bremsen für Strompreise, Gaspreise, Mieten, Benzin – und im geschäftlichen Bedarfsfall auch für andere Bereiche wie Datenmengen auf dem Mobiltelefon im Ausland oder die Zahl von SMS in so genannte befreundete Netze. Die Mär von der Preisbremse funktioniert eigentlich ganz einfach. Das Bild muss nur stimmig aussehen. Wann bremsen Sie? Bei Gefahr. Und wie bremsen Sie in diesem Fall? Möglichst stark. Das ist der Code für die Verschlüsselung. Und das Tolle an diesem Code ist: Die Information sieht glaubwürdig aus, obwohl sie noch gar nicht dechiffriert wurde.

Und sie hat einen großartigen Köder. Preisbremse klingt nicht nur gut, der Begriff ist auch noch wunderbar griffig. Wie geschaffen für Schlagzeilen, denn Redaktionen lieben solche Schlüsselwörter. Ohne Zweifel wurde der Begriff Preisbremse extra dafür erfunden. Aber sicher nicht, damit Sie als Konsument hinter diese Konstruktion blicken. Sie sollen die Codierung als Tatsache empfinden – aber bitte bloß nicht auf die Idee kommen, dass hier eine Nebelkerze gezündet wurde.

Wie funktionieren diese Preisbremsen wirklich? Am Beispiel der Mietpreisbremse lässt sich das schön darstellen. Der Begriff suggeriert, hier werde kräftig auf die Bremse getreten. Und wer kräftig auf die Bremse tritt, der bringt das Fahrzeug natürlich zum Stillstand. Das ist allerdings nur der verschlüsselte Zustand.

Unverschlüsselt und mit einem Blick auf die beschlossenen Regeln, kommt nichts zum Stillstand. Nur in einigen Fällen gelten die Miet-Begrenzungen überhaupt. Dechiffriert bedeutet das Bild der Preisbremse: Hier steht niemand auf der Bremse, um zum Stehen zu kommen. Hier wird bei einigen Situationen leicht auf das Bremspedal getippt. Mehr nicht, aber: Die Bremsleuchten gehen für alle sichtbar an. Analog dazu funktionieren die viel gepriesenen Bremsen für Gas- und Strompreise, sowie die Benzinpreisbremse.

Mit anderen Worten: Eine Preisbremse klingt nach weitaus mehr, als sie bewirkt. Der Begriff ist aber zu schön, um nicht in die Schlagzeile genommen zu werden. Und er erzeugt ein Bild, bei dem kaum jemand den Verdacht hegt, hier müsse noch entschlüsselt werden.

Ersetzen Sie die Bremse zum Beispiel durch den Begriff Begrenzung, denn das ist ja die eigentliche Idee dahinter, dann entlarven Sie diese Bremse als ziemlich schwach. Denn Begrenzungen gibt es zwar, aber wie bei einem Bremsvorgang zum Stehen kommt da nichts.

Alles echt?

Was soll man davon halten, wenn ein Politiker vor die Kameras tritt und ankündigt, nun würden SPD und CDU zu ernsthaften Sondierungsgesprächen zusammenkommen? Haben die sich vorher nur zum bunten Abend mit Weinprobe getroffen? Und wenn der Herr Abgeordnete dann noch darauf hinweist, es gehe um einen echten Dialog – welcher Small Talk wurde denn bisher ausgetauscht?

Sie merken schon, da kommen Zweifel an der Ernsthaftigkeit auf. Echt! Solche »Verstärker« wie »ernsthaft« und »echt« nähren nämlich erst recht den Verdacht, dass irgendetwas wortgewaltig überlackiert werden soll. Wie in der schmalzigen Vorabendserie, die den Weichzeichner über das Pärchen legt, um dramatisch den Textbaustein einzufügen: »Ich liebe Dich doch, wirklich!« – »Echt?« – »Ja, ernsthaft!« Um die »Ernsthaftigkeit des Themas« noch zu unterstreichen, hält der Werkzeugkasten noch einige sprachliche Brandbeschleuniger bereit. Eine ernsthafte Debatte ist natürlich schön, aber eine intensive, ernsthafte Debatte – das ist doch mal was. Die wird mit großer Ernsthaftigkeit geführt und nimmt die »Sorgen ernst«, mit »echter Besorgnis«.

Die Mathematik kann uns hier weiterhelfen. Dort gibt es eine feine Methode namens Gegenprobe. Drehen wir die Begriffe also mal um. Zwei Parteien treffen sich, um unernste Gespräche zu führen, und das möglichst nicht intensiv; in denen Sorgen keinesfalls ernst genommen und unechte Probleme thematisiert werden? Gibt es das? Na ja, vielleicht als Redaktionssitzung einer Comedy-Sendung oder als Grundbaustein für Satire-Texte. Aber wenn Ihnen jemand erzählen möchte, er sei ein »ernsthafter Kandidat« oder mache sich »echte Sorgen«, dann greifen Sie besser mal auf so eine Gegenprobe zurück, bevor Sie an der Nase herumgeführt werden.

In ähnlicher Geschmacksrichtung sind auch Konstruktionen wie »völlig ungefährlich« und »gänzlich unbedenklich« auf dem sprachlichen Jahrmarkt der Eitelkeiten im Angebot. Kann etwas ungefährlicher als ungefährlich sein? Oder unbedenklicher als unbedenklich? Und warum legt jemand so großen Wert auf diese Formulierungen? Möglicherweise steht er ernsthaft am Abgrund.

Im Sprachgebirge

Politiker reisen viel, und in den Nachrichten tauchen sie manchmal sogar an einem Tag an verschiedenen Orten auf. Das führt zu einiger Unübersichtlichkeit, wenn zum Beispiel der Innenminister in Jerusalem sagt, es werde erwogen, die Grenzkontrollen wiedereinzuführen. Er meinte natürlich die Grenzen der Bundesrepublik, gesagt hat er es allerdings, als er während seines Besuchs in Israel zu der Sicherheitslage in Deutschland befragt wurde. Wer da den Zusammenhang nicht auf den ersten Blick erfasst hat, wundert sich schon sehr, wenn unter dem sprechenden Minister sein Name und als Ort Jerusalem eingeblendet wird. Solche Verwirrungsgefahren kriegen die Redaktionen aber meist noch im Text in den Griff, indem deutlich auf die derzeitige Reise des Politikers hingewiesen wird.

Über das Gepäck der vielen permanent in der Luft reisenden Präsidenten, Regierungschefs mit ihrem Stab aus Diplomaten ist indes meist wenig bekannt. Dabei müssten die Frachträume prall gefüllt sein mit Steigeisen, Sicherungsseilen, Biwaks und Rucksäcken, bei den ganzen Gipfeln, von denen ständig die Rede ist.

Wie war eigentlich die Stimmung »auf dem Gipfel«? Die Gipfelthemen, Gipfelpapiere, Gipfelstreits, Gipfeldurchbrüche (!) und gescheiterten Gipfel (der arme Berg) lassen wir jetzt mal einfach so wirken. Und dazu reichen wir noch sieben Buchstaben, nämlich TREFFEN. Tut uns leid, jetzt haben wir zwar den Witz versaut, aber die ganzen absurden Bilder im Kopf entstehen gar nicht, wenn die Abkürzung Gipfel gelegentlich durch Gipfeltreffen ersetzt wird.

Wenden wir uns jetzt von den Gipfeln mal ab – und betrachten das Umland. Wir sehen: Berge. Das wohl bekannteste Exemplar ist der Schuldenberg, der auch bei schlechter Fernsicht noch gut zu erkennen ist, und wenn es aufklart, dann sieht man dort so manchen Finanzminister bei der Arbeit. Das ist sehr löblich, denn schließlich wurde schon oft angekündigt, der Schuldenberg müsse endlich überwunden werden. Der Minister meldet sich meist aus einer Talsohle zu Wort, die nun durchschritten sei. Diese naive Wortmalerei hat schon einige heitere Momente ausgelöst, denn – gehen wir einmal ganz nah ran ans Gemälde – dann wird das Problem sichtbar: Wer den Schuldenberg überwinden möchte, der steigt ganz einfach drauf und klettert auf der anderen Seite wieder runter. Schon ist er überwunden, und dann? Der Schuldenberg steht immer noch da. Was für eine geschickte Formulierung im politischen und wirtschaftlichen Alltag. Und vorausgesetzt, die Wortwahl würde so absichtlich getroffen, dann hätten wir es mit einer veritablen Lüge zu tun. Wer wirklich etwas gegen den Schuldenberg unternehmen möchte, der trägt ihn ab. Vom schlichten Überwinden wird er nämlich nicht kleiner.

Diplom-Diplomaten

»Auf dem Gipfeltreffen der Europäischen Union haben sich die Außenminister gestritten wie die Kesselflicker. Teilnehmer berichten von Erpressungsversuchen und persönlichen Beleidigungen. Die Minister wollen ihren Krach auf dem nächsten Treffen in drei Wochen fortsetzen.« So eine Meldung wäre doch mal ein Aufmacher, aber dafür fehlen die verlässlichen Quellen. Denn natürlich würde niemals jemand offen darüber sprechen, wie es wirklich zuging, nachdem die Presse den Konferenzraum verlassen hat. Trotzdem treten hinterher meist alle vor die Kameras und Mikrofone und werden von mutmaßlichen Kesselflickern zu Diplom-

Diplomaten: Es sei ein intensiver Meinungsaustausch gewesen, der Verhandlungsprozess sei *engagiert begleitet* worden, und man habe mit Nachdruck über *Gestaltungskomponenten* beraten. Dennoch gebe es »weiterer Gesprächsbedarf«. Hier steht nichts anderes als ganz oben auf dieser Seite, nur eben auf Diplomatisch.

So weichgespülte Worte geben selbstverständlich nicht das wirkliche Geschehen wieder, sondern nur die Tendenz. Aber – auch das muss bedacht werden – es soll auch kein Verhandlungspartner öffentlich das Gesicht verlieren. Und entsprechend klingen Äußerungen nach Konferenzen mit strittigem Inhalt ähnlich wie Arbeitszeugnisse: Auf keinen Fall negativ formuliert. So verwandelt sich eine weitreichende Forderung galant in den Hinweis, »wir haben eine Diskussion angestoßen«. Es wurde selbstverständlich auch niemandem die Pistole auf die Brust gesetzt, stattdessen ist vom »Beginn eines Umdenkungsprozesses« die Rede. So schön kann Erpressung klingen.

Kommen die Damen und Herren Diplomaten dann doch irgendwann zu einem Ergebnis, dürfen Sie dennoch nicht mit klareren Worten rechnen. Am Ende müssen alle Beteiligten wie Sieger aussehen, und dann folgt die große Show der Lobhudelei. Sie beginnt in der Regel mit Schmalz und Höflichkeiten wie »die Atmosphäre war offen und kooperativ« und »das Gespräch geprägt von gegenseitigem Respekt«. Wir würden vermutlich sagen: War ganz nett, brauch ich aber nicht so schnell noch mal. In der nächsten Stufe beginnt sich dann langsam Konkretes abzuzeichnen. Man sei ergebnisoffen, habe aber den »Gestaltungsspielraum berücksichtigt«. Will sagen: Hätte auch scheitern können, aber wir haben ja enge Vorgaben gemacht und unsere Position durchgesetzt. In der letzten Runde erreicht das diplomatische Feuerwerk seinen Höhepunkt: die Machtdemonstration. Und zwar nicht mit schweren Böllern, sondern mit zartem Goldregen und sanften Klängen. Immerhin ist das Konferenzergebnis nämlich »relevant«, und wenn das noch nicht wichtig genug klingt, dann eben *systemrelevant*. An solche Worte wird sich später jeder erinnern, denn es wurde ja gerade nicht weniger als die Welt gerettet. Wenn Sie noch einen draufsetzen wollen, dann bezeichnen Sie Ihren Verhandlungserfolg als alternativlos. Zwar gibt es stets Alternativen, auch wenn nicht jede sinnvoll sein mag, aber wer in dieser Liga spielt, hält sich nicht mit Details auf. Alternativlos eben.

Herr Botschafter

»Guten Abend, Herr Botschafter!« Na wunderbar, schon reingefallen. Botschafter werden nach Maßgabe des Protokolls mit Exzellenz angeredet, so viel Zeit muss sein. Nun haben wir es in diesem Fall mit einem Botschafter der ursprünglichen Art zu tun, einem Repräsentanten seines Landes mit Sitz in einem anderen Staat. Das klingt nicht nur ziemlich wichtig, das ist es auch. Je nachdem, wo sich die Botschaft befindet, hat der Botschafter – oder vielmehr

Seine Exzellenz – alle Hände voll zu tun, möglicherweise gegensätzliche Positionen zumindest verbal auf eine Ebene zu befördern. Nicht umsonst gibt es eine umfangreiche diplomatische Sprache, die der von Arbeitszeugnissen in nichts nachsteht. Alles ist positiv – wenigstens muss es so klingen.

So ein Musterbeispiel macht natürlich schnell Schule. Und – seien wir ehrlich – ein Botschafter ist eben nicht nur eine protokollarische Exzellenz, er sollte sein Handwerk auch exzellent beherrschen, schließlich ist die Vertretung der Interessen seines Landes eine wichtige Aufgabe. Und weil das Prinzip des Botschafters so ehrenvoll wirkt, stürzen sich Trittbrettfahrer besonders gerne auf die Botschafter-Rolle. Was dabei allerdings herauskommt, verfehlt den Titel der Exzellenz meist um beachtliche Längen.

Oder wie würden Sie reagieren, wenn Ihnen plötzlich höchstselbst und lebendig der Dämmbotschafter erscheint? Und seien Sie gewarnt: Von denen gibt es gleich zehn an der Zahl. Bei den vermeintlichen Exzellenzen handelt es sich um zehn Hausbesitzer, die sich in den Dienst einer Beratungsgesellschaft haben stellen lassen – sogar finanziell unterstützt vom Bundesumweltministerium. Die halten aber weniger staatsrelevante Audienzen ab, sondern werben vielmehr ganz unverhohlen für die Wirtschaft und die Kampagne, Häuser mit Dämmstoffen zu vermummen, um Energie zu sparen. Auf geplante Staatsbesuche warten sie bislang vergeblich.

Auch das Internationale Olympische Komitee beschäftigt einen ganzen Stab von »Botschaftern«. Natürlich sind deren Stellen hoch dotiert, das IOC ist bekanntlich nicht knauserig – durchnässte Geldscheine nach ihrem Weg durch unauffällige Gewässer müssen nicht unbedingt öffentlich an der Wäscheleine getrocknet werden. Vielmehr wandelt sich der Begriff des Botschafters in diesem Beispiel ganz problemlos zum Lobbyisten des Landes.

Nichts ist auszuschließen

Vorsicht, es folgt eine steile These: Es kann nicht ausgeschlossen werden, dass morgen eine Boeing 747 auf Gelsenkirchen stürzt. Kann das überhaupt jemand ausschließen? Können Sie das etwa? Niemand kann das. Und dass der Papst überraschend seine bislang sehr unauffällige Gattin der Öffentlichkeit vorstellt? Unwahrscheinlich, ja. Aber können wir das ausschließen? Nein. Und sollte es wirklich dazu kommen, dann ziehen wir das Ass aus dem Ärmel und können mit stolz geschwellter Brust sagen: »Ich habe das ja nie ausgeschlossen!«

Diese Nicht-Ausschließeritis ist inzwischen sehr populär geworden. Man mag ja kaum noch ausschließen, dass doch irgendetwas einmal ausgeschlossen ist. Das wirkt auf den ersten Blick merkwürdig: Warum wird neuerdings mit dieser Zauberformel so oft um den heißen Brei herumgeredet? Weshalb muss dieses verbale Hintertürchen immer offen stehen? In vielen Fällen ist es schlicht die Angst vor dem eigenen Zitat. Angst davor, an etwas Gesagtes später erinnert zu werden. »Sie haben vor einem halben Jahr doch angekündigt, die Straße werde gebaut«, lässt sich dann ganz leicht parieren: »Ja, das habe ich gesagt. Aber ich habe damals auch nicht ausgeschlossen, dass es ein Fahrradweg wird!« Gar nicht so ungeschickt.

Ähnlich wortreich inhaltsleer wie die Nicht-Ausschließeritis kommt übrigens die berühmte »Weder noch«-Luftblase daher. Wenn der gewiefte Diplomat sagt: »Das kann ich *weder* bestätigen *noch* dementieren«, drängt sich doch die Gegenfrage auf: »Und was können Sie überhaupt?« Das fragt natürlich niemand, aber es wäre mal langsam Zeit dafür. Die ehrliche Antwort hieße dann: »Ich weiß es nicht.«

Noch einen Tick perfider ist das Spielchen mit dem angekündigten Willen. Stellen Sie sich vor, im Bernstein-Sammelverein muss ein neuer Vorsitzender gewählt werden, und alle Hoffnungen ruhen auf Ihnen. Nur: Sie haben überhaupt keine Lust auf dieses Amt. Als alter Diplomat greifen Sie ganz tief in die Trickkiste und sagen: »Ich darf Ihnen ankündigen, den Vorsitz übernehmen zu wollen.« Und während im Saal noch der Applaus tost, denken Sie zufrieden: »Hehe, hat keiner gemerkt, dass ich das gar nicht will. Ich habe den Willen ja bloß angekündigt.« Dieser Formulierungstrick kommt übrigens häufiger vor, als Sie vermuten. Achten Sie mal auf Meldungen wie: »Er kündigte an, kandidieren zu wollen.« Sie können damit Wände tapezieren – sogar zweilagig.

NATO-Sprech

Erinnern Sie sich noch an das Unwort des Jahres 1999? Es bezog sich auf den Kosovo-Krieg und war der von der NATO oft benutzte Begriff Kollateralschaden. Was da so vermeintlich harmlos wie ein Bagatellunfall daherkam, bedeutete, dass Zivilisten getötet worden waren. Nur wollte das kein NATO-Sprecher so deutlich sagen.

Inzwischen ist dieser Begriff so gut wie verschwunden – Kriege dagegen nicht, auch wenn sie häufig hinter sprachlichen Nebelkerzen wie »Krise« oder »Konflikt« verschwinden. Natürlich gehört Propaganda von jeher zu kriegerischen Auseinandersetzungen, daran ändern auch Prämierungen zum »Unwort des Jahres« nichts. Nur heißt das mittlerweile operative Kommunikation. Aber es gibt kleine Fortschritte bei der Entschlüsselung, und dazu haben die sozialen Medien im Internet sicher einen Beitrag geleistet.

Ganz so leicht wie einst ist es nicht mehr, öffentlich von friedenserhaltenden und friedenserzwingenden Maßnahmen zu sprechen. Und mögen sogenannte Shitstorms auch in vielen Fällen über ihr Ziel hinausschießen, dass hier von einem Kriegseinsatz die Rede ist, sickert im Güllesturm dann doch durch. Auch die Rüstungsindustrie firmiert mittlerweile im allgemeinen Sprachgebrauch wieder unter der klaren Bezeichnung Waffenhersteller. Der Versuch, sich als »Entwickler von Wehrtechnik« ins Licht zu rücken, darf als gescheitert betrachtet werden.

Trotzdem schnappt die Sprachfalle gelegentlich noch zu. Der Griff in die Welt der Medizin verbietet sich. Eine chirurgisch präzise Operation dürfen Sie gerne im Krankenhaus erwarten, bei Kriegsberichterstattung hat so etwas nichts zu suchen. Und wer Ihnen etwas vom Neutralisieren erzählen will, spricht hoffentlich von einem chemischen Prozess und nicht von getöteten Menschen. Selbstverständlich ist inzwischen auch nicht mehr die Rede vom »Feind«. In der heutigen Zeit befinden sich Soldaten im »Einsatzgebiet«. Im Krieg wird Sprache zur Waffe.

Rhetorik der Rechten

Während die Politiker in Zeiten größter Ausländerfeindlichkeit seit dem Nationalsozialismus drastische Worte gegen Rassismus fanden – »das ist ein bisschen ins Rutschen geraten«, so Bundesinnenminister Thomas de Maizière –, legte Bayerns Innenminister Joachim Herrmann sogar noch einen drauf und sagte im Spätsommer 2015 in einer Talkshow: »Roberto Blanco war immer ein wunderbarer Neger.« Wummms. Mit Karacho in den Rassismus. Vermutlich wollte er damit ausdrücken, dass es im Freistaat keine Probleme mit Migranten gebe, denn auch beim FC Bayern München spielten ja »eine ganze Menge mit schwarzer Hautfarbe mit«. Genau hier liegt das Dilemma. Unterscheidet er doch zwischen Deutschen (alle weiß) und Ausländern (alle schwarz), als gäbe es keine schwarzen Deutsche, und bediente damit die gängigen Mythen rechter Ideologien und ebnete durchgeknallten Radikalen den Weg. Sprache verrät.

Selbst der alles aufsaugende Duden wertet den »Neger« als »stark diskriminierend«. Da hilft es auch nicht, dass gestrige Hobby-Linguisten auf die Mehrdeutigkeit hinweisen, der Begriff sei in anderen Sprachen oder Ländern legitim. Wörter und ihre Bedeutung verändern sich, manchmal auch nur sehr lokal. Die Umzugskiste von heute ist keine holzbeschlagene aus dem 19. Jahrhundert mehr, sondern kann auch aus anderen Materialien bestehen. Der Anglizismus »gay« für homosexuell stand noch bis zur Mitte des 20. Jahrhunderts für einen fröhlichen Menschen. Und wenn wir schon bei Lustvollem sind, ist die Geilheit schon länger auch asexuell verwendbar: Die Musik auf der Party war geil, Geiz ist geil, geil ist geil, der Dorsch ist sogar »sehr geil«. Der »Asylant« war noch bis in die 1970er-Jahre hinein wertfrei. Alleine darüber ließen sich Bücher schreiben. Der Sinn von Wörtern verändert sich mit der Zeit – und das hat meist mehr Gutes als Schlechtes. Selbst Adam Smiths »unsichtbare Hand« des Neoliberalismus findet mittlerweile in der Sprachwissenschaft Gebrauch – als Metapher für eben jenen Wandel. Der »Neger« ist heute in der deutschen Sprache negativ besetzt.

Später erklärte Herrmann, »das Wort sonst nie« zu verwenden. Gewiss nicht, so ein »Neger« rutscht halt mal so raus von jemandem, der schon 2011 und 2013 zum »Abschiebeminister des Jahres« gekürt wurde. Ein Wink an die CSU:

Der kleine Franke möchte bitte aus dem bayerischen Små-land der 30er-Jahre abgeholt werden. Aber nein, Herrmann ist kein Rassist, sondern nur in der Migrationsfrage skeptischer. Als Innenminister mit rund 40-jähriger politischer Erfahrung ist er ein gut ausgebildeter und erfahrener Medienprofi in einem hohen öffentlichen Amt. Da plumpst gar nichts mehr unbedacht heraus.

Wollten wir weiter analysieren, schwingt bei Herrmann noch etwas anderes mit, das symptomatisch für den Umgang mit Menschen in unserer Gesellschaft ist: Solange sich jemand an alle Gesetze hält, eine gepflegte Meinung hat und sich anpasst, ist alles in Ordnung. Doch wenn jemand eine andere Meinung hat und sich nicht an »unsere« Werte und Normen anpasst, gerne auch an die des nebulösen christlichen Abendlandes, dann soll er doch bitte woanders hingehen. Diversität wird nicht geschätzt. Das gilt für jede vermeintliche Randgruppe, auf die man ohnehin leichter einprügeln kann. Wir sind ignorant und machen es uns bequem, vermeiden jede Diskussion und jeden Streit. Wir machen uns lustig über Menschen, die noch nicht gut Deutsch können – »ich geh Lidl« –, äffen sie nach und ignorieren dabei völlig, dass ein sprachliches Defizit hier nichts mit einem geringen Intellekt oder einer kognitiven Schwäche zu tun hat. Roberto Blanco lebt beispielsweise seit 60 Jahren in Deutschland und kann immer noch kein Deutsch – und ist trotzdem ein wunderbarer Mensch. Augen zu und durch.

Sprache prägt, und im Umkehrschluss drückt auch unsere Haltung etwas aus, also wie wir uns zu etwas *verhalten*.

Der Respekt, den wir vor allen Menschen haben sollten, beginnt genau dort. Sind Nazis – und nein, kein Neo, das wertet sie nur auf – dumm, weil sie keinen Zugang zu Informationen für das nötige Wissen haben? Oder sind sie dumm, weil sie zwar die Informationen haben, aber die falschen Schlussfolgerungen ziehen? Während Ersteres vor allem ein Versäumnis von Gesellschaft und Bildung ist und hoffentlich nachgeholt werden kann, ist Letzteres die größte Problematik. Idiotie und Böswilligkeit begrüßen sich in ihren inhumanen, kaum belehrbaren Vorstellungen einvernehmlich. Die Reporterin Nicole Diekmann, die jahrelang aus Krisengebieten berichtete, formulierte treffend: »Es gibt gebildete und eloquente Nazis, ja. Aber keine klugen.«

Asylkritiker und Asylgegner

Rassismus hat viele Gesichter, aber allesamt sind potthässlich. Wenn Nazis Flüchtlinge verbal und körperlich angreifen, dann wird unwürdig von einer Demonstration von »Asylkritikern« gesprochen, die dafür aber Maas'sche »ganze Härte des Rechtsstaats« erfahren, indem sie Platzverweise erhalten und trotz der hochkriminellen Taten nicht verhaftet werden. Mit der ganzen Härte des Plüschkissens. Halt, Moment! Irgendwann hatte die Polizei dann doch noch hart durchgegriffen – und eine Person in Heidenau festgenommen.

Der menschenverachtende Wortschatz des Nationalsozialismus hat wieder Konjunktur. Wer die Rechten als »Asylkritiker« oder »Asylgegner« bezeichnet, glaubt auch, dass 1933 das Lagerfeuer von Literaturkritikern entfacht wurde. Das ist beschämend.

Und es gibt noch mehr Parallelen zu damals. Allein die Angehörigkeit zu einer Religion wird (schon) wieder zum Schimpfwort: »Du Jude« hört man nicht nur auf Schulhöfen von Jugendlichen, die unbedarft antisemitische Ressentiments nachplappern und mit denen zu wenig geredet wird. Die Judenfeindlichkeit ist mit simpelster Sprache wieder salonfähig geworden, gerade weil sie auch gesellschaftlich zu wenig geächtet wird. Die Jüdische Gemeinde in Berlin verteilt beispielsweise ihre Gemeindeblätter per Post nur noch in einem neutralen Umschlag, der nicht mehr auf den Absender hindeutet. Selbst im so bunten Berlin kann nicht mehr an jedem Ort die Kippa getragen werden. Wir sind wieder an einem Punkt angelangt, an dem Juden die Schulen wegen Mobbing und rassistischen Anfeindungen verlassen und sich Menschen dieses Glaubens verstecken müssen. Und manches beginnt mit einem so harmlos klingenden »Du Jude«.

Mit Polemik und Desinformationen gehen Pegida, Legida, Hogesa und andere rechtsextreme Gruppierungen auf den Straßen und in sozialen Netzwerken auf Jagd nach Gleichgesinnten und Leichtgläubigen – und ernten für Hass und Hetze viel Applaus. Die chronischen Rechtschreibschwächlinge gehen von der irrigen Annahme aus, sie würden Deutschland repräsentieren. Die demagogische Macht der Sprache wird als Mittel der Ausgrenzung missbraucht. Beispiele finden sich schon in der selbstgewählten Einordnung von »Asylgegner« und »Asylkritiker«: Die Migration ist eine Realität, das Asylrecht ein Menschenrecht und in Deutschland sogar im Grundgesetz verankert – und wer sich als »Gegner« oder »Kritiker« des Grundgesetzes sieht, verschleiert seine Haltung und handelt nüchtern betrachtet verfassungsfeindlich. Asylgegner, Asylkritiker oder Heimgegner beanstanden natürlich nicht das Verfahren des Asyls – damit reden sich manche der selbsternannten »besorgten Bürger« gerne heraus –, sondern sind einfach nur gegen andere Menschen, die nicht aus der Nachbarschaft stammen. Der Begriff »Fremdenfeinde« würde eigentlich besser zu ihnen passen. Die ekelhafte Floskel »Das wird man wohl noch sagen dürfen!« kann klar mit »Nein!« beantwortet werden, denn den »Ich bin ja kein Nazi, aber…«-Wutbürgern, den »Ich habe ja nichts gegen Flüchtlinge, aber…«-Relativierern, den »Wir sind das Volk«-Kartoffelhelden und den »Lügenpresse«-Schreihälsen geht es nicht um eine freie Meinungsäußerung. Sie missbrauchen dieses Grundrecht. Sie maskieren sich als Demokraten, obwohl ihre Absicht das genaue Gegenteil einer freiheitlich demokratischen Grundordnung zum Ziel hat. Die Rechten vergiften die pluralistische Gesellschaftsordnung und versuchen ihren Hass gegen all jene, die an die Menschen- und Freiheitsrechte glauben und die sich für Flüchtlinge und Migranten einsetzen, mit demokratischen Werkzeugen zu legitimieren. Wer ihnen das anprangert, wird zum »Antidemokraten«, denn er stünde gegen den vermeintlich »einheitlichen Volkswillen« – den es allerdings in einer Demokratie nie geben kann. Echte Argumente haben die Fremdenfeinde selten. Rassismus ist keine Meinung.

Die Neue Rechte spricht gerne auch mal vom »Ethno-pluralismus«. Ein Schlagwort, das für Laien zunächst neutral, fast schon positiv klingen mag, aber den altbekannten Rassismus verschleiert, bedeutet er doch, dass alle Völker unter sich gerne existieren können. Hauptsache, die gebetsmühlenartig wiederholende »nationale Identität« bleibt gewahrt, und niemand kommt hierher. Was in den Anti-Alles-Bündnissen auch immer wieder gegen Politiker skandiert wird, das ist der »Volksverräter« – ein Kampfbegriff aus der Zeit des Nationalsozialismus. Die »Verratsnovelle« von 1934 regelte den Straftatbestand des Hochverrats, die erstmals einen Bezug zur völkischen oder ethnischen Zugehörigkeit herstellte. Das Gesetz, das ein Todesurteil erlaubte, richtete sich klar gegen die politische Opposition. Wer heute »Volksverräter« brüllt oder von »Überfremdung« stottert, setzt mit der Sprache aus der NS-Zeit auf vollen Hass.

Wie bei Pegida als Dach-Organisation des Hasses: »Patriotische Europäer gegen die Islamisierung des Abendlandes«? So ein verlogener Slogan kann doch nur im Suff entstanden sein. Wenn sie sich in einem *christlichen Abendland* sehen, wann waren die denn das letzte Mal im Gottesdienst und haben auch nur eine beherzte Geschichte aus der Bibel gehört und verstanden? Ist der Gedanke Europas nicht schon ein Widerspruch zum Patriotismus, wenigstens aber zur Rechten? Und welche Islamisierung? Vier Millionen Muslime leben friedfertig in Deutschland. Anteilsmäßig gibt es dort genauso viele Bekloppte und böse Menschen mit extremen Gedanken, vor denen man Angst haben sollte, wie in der restlichen Bevölkerung auch – und zwar einen nicht wahrnehmbaren Anteil. Solche durchgeknallten Typen gibt es überall. In jeder Gruppierung, in jedem Land auf dieser Erde. So ist der Mensch nun mal – aber keine Religion. Sie wird nur zweckentfremdet.

Flüchtlingssaison – Spargelzeit

Leider werden häufig auch unbedacht Metaphern verwendet. Einst neutrale Wörter wie *Asylant* oder *Flüchtling* haben ihre Unschuld verloren und werden zudem inflationär mit Sprachbildern versehen, die Bedrohungsgefühle auslösen: Da ist von einem »Flüchtlingsstrom« die Rede, als stünden sie unter elektrischem Strom, oder von einer »anrollenden Flüchtlingswelle« und sogar einem »heranschwemmenden Flüchtlings-Tsunami«, den man abpuffern oder »schultern« müsse – vermutlich auf dem Surfbrett. Trotz der »Festung Europa« gibt es eine verheerende »Flut nach Westen« – und in der »Flüchtlingssaison« reisen die »Bootsmigranten« besonders gerne: ruhige See, Spargelzeit. Gerne wird auch in der Waffenkammer gegraben, wenn von einem »Ansturm« der Flüchtlinge geredet wird. Oder wenn sich die Lage an der europäischen Grenze verschärft. Man müsse die Flüchtlings- oder Asylantenflut und den »Schwarm von Leuten« doch abwehren oder eindämmen, als rollten wieder Panzer nach Deutschland. Die »illegalen Einwanderer« sind auf dem Vormarsch.

Der »Wirtschaftsflüchtling« wird erfunden, dem die Notwendigkeit des legitimen Asylantrages abgesprochen wird, anstatt besonnener vom »Armutsflüchtling« zu sprechen. Arbeitskräfte werden importiert, womit Individuen zu Massenprodukten verkommen. Die krampfhafte Suche nach Synonymen, anstatt einfach nur nüchtern zu sagen, es kommen momentan sehr viele Menschen hierher, trägt dazu bei, Inhalte zu verharmlosen oder sie wenigstens unpräzise darzustellen. Durch dieses diffamierende Klima fühlen sich leider immer mehr Feinde des Geschichtsunterrichts zum Handeln motiviert. Sprache manipuliert.

Die emotional aufgeladenen und verbrannten Formulierungen stehen auch für einen respektlosen Umgang mit Menschen, von denen die meisten ihr Land aus bedrohlichen Situationen heraus verlassen, weil viele um ihr Leben fürchten müssen. Nicht selten flüchten Menschen aus den Krisengebieten zu uns, in die wir Waffen liefern – und wir eine große Mitschuld an dem Leid tragen.

Unsere selbst verursachten Probleme

Wir machen es uns zu leicht, die Probleme als nicht hausgemacht zu beurteilen. Wir wissen doch nachweislich, dass wir für unseren Lebensstandard jahrzehntelang andere Länder ausgebeutet haben und es noch heute tun. Nun erhalten wir die Quittung und werden für unser Nicht-Handeln ausgerechnet von Politikern gelobt, die die heile Welt verkünden und Deutschland »auf einem guten Weg« sehen. Wie die *Bundes-Mutti*, die – wie so häufig – sehr lange überlegt, wirklich sehr lange. Manche würden auch sagen, sie schweigt, bis sie herausgefunden hat, welche Meinung mehr Stimmen hat, um sich dann auf diese zu stürzen, oder bis der Protest gegen ihre Untätigkeit zu groß wird. Erst als es beispielsweise scharfe Kritik von allen Seiten hagelte, verurteilte sie die fast täglichen Anschläge auf Flüchtlingsheime »aufs Schärfste«.

»Wir schaffen das«, behauptete sie. Natürlich. Und die anderen Protagonisten? »Das ist nicht unser Sachsen«, sagte Ministerpräsident Stanislaw Tillich nach den schweren Ausschreitungen des rechten Mobs u. a. in Heidenau. Leider ist das die Wirklichkeit. Es ist vermessen zu behaupten, die CDU hätte Schuld an der Tragödie, die sich in dem Bundesland seit Jahren abspielt und 2015 einen traurigen Höhepunkt erreichte. Auf der anderen Seite hat diese Partei seit 1990 alle Landtagswahlen gewonnen. Dass die CDU auf dem rechten Auge blind war, das Problem des stark organisierten Rechtsextremismus zu oft verharmlost und offensichtlich auch zu wenig dagegen unternommen hat, darf durchaus kritisiert werden. Besonders hoch ist beispielsweise die Zahl rechtsmotivierter Straftaten im bevölkerungsreichsten Bundesland Nordrhein-Westfalen. Kristallklar brennt auch das Licht im Süden Deutschlands.

Doch Sachsen stach 2015 mit mehr als doppelt so vielen rechten Gewalttaten pro Kopf im Vergleich zu anderen Ostländern besonders hervor. Jenes Sachsen, aus dem vor einem Vierteljahrhundert noch Flüchtlinge kamen – selbst nach der Wende bis 2006 wanderten mehr als 260 000 Sachsen ab, jeder Zehnte. »Die deutsche Seele ist also eigentlich die verwundete Seele eines Flüchtlings«, schrieb der Karlsruher Bundesrichter Thomas Fischer mit einem Augenzwinkern über die »besorgten Bürger« des Ostens.

Der rechte Mob des Ostens

Es ist natürlich auch kein Geheimnis, dass die SED über Jahrzehnte den Nährboden für Rassismus in der DDR bereitete. Anstatt das Problem anzugehen und aufzuarbeiten, wurde nach der Wende immer wieder mit Hinweis auf die antifaschistische Erziehung die Fremdenfeindlichkeit geleugnet. Das braune Erbe setzt sich bis in die Gegenwart fort. Bis heute wird das Thema schöngeredet, verharmlost – oder es war ihnen einfach gleichgültig.

Dabei gibt es auch positive Beispiele, wie die einstige »Nazi-Stadt« Eberswalde in Brandenburg, in der im Jahr 1990 ein Angolaner von Neonazis ermordet wurde – während Polizisten tatenlos zusahen. Mit viel Engagement haben es Politiker, Bürger und Initiativen geschafft, die Stadt zu einem toleranten und offenen Ort zu gestalten. In Freital, Heidenau, Meißen, Nauen, Tröglitz und anderswo sah man über die Probleme hinweg. Arndt Steinbach, Landrat im sächsischen Landkreis Meißen, sagte doch tatsächlich nach dem Angriff auf ein Flüchtlingsheim: »Die rechten Umtriebe sehe ich nicht. (...) Sie wahrscheinlich auch nicht.« Die sturzbetroffenen Politikerparolen voller Tatendrang – nur »eine Minderheit besudelt unser Land«, wie es Tillich glaubt – verschleiern ihr Versäumnis, den Rechtsextremismus geduldet oder nicht besser bekämpft zu haben.

Viele Sprachbilder rund um den Flüchtling bzw. Asylanten erzeugen negative Emotionen, die auch die Rechten zu nutzen wissen – und die sich bis in die Medienwelt und Politik weitertragen oder zu häufig ohne jede Entschärfung übernommen werden. Der von der Politik geprägte »Sozialtourismus« suggeriert beispielsweise, dass Einwanderer vor allem wegen staatlicher Sozialleistungen zu uns kommen. Wie perfide, welch Verrohung der Sprache. Immerhin wurde der Begriff zum »Unwort des Jahres« 2013 gekürt.

Manche Ausländer, die abgeschoben werden – euphemistisch auch als »Rückführung« oder in der Schweiz als »Ausschaffung« bekannt –, kommen in eine »Ausreiseeinrichtung«. Das »Ausreisezentrum« hat sich hingegen nicht durchgesetzt. Die SPD nennt diese Lager »spezialisierte Aufnahmeeinrichtungen für Flüchtlinge ohne Bleibeperspektive«, und aus Österreich hört man von einem »Kompetenzzentrum für aufenthaltsbeendende Maßnahmen«. Wenn Bürokratismus und sprachliche Armut kuscheln gehen, kommt solch eine verschwurbelte Grütze heraus.

Keiner der weltweit 60 Millionen Flüchtlinge verlässt übrigens seine Heimat, seine Familie und seine Freunde und nimmt eine hochgefährliche, häufig tödlich endende Reise in Kauf, nur weil ein anderes Land seine Grenzen öffnet oder schließt oder weil ein Land die angeblichen Anreize anhebt oder senkt. Selbst die schwer bewachte, rund 3000 Kilometer lange *Berliner Mauer* zwischen Mexiko und den USA mit einem milliardenschweren Budget hat nichts, aber auch gar nichts an der Einwanderungsanzahl in den USA geändert.

Armut, Hunger, Krieg, politische Verfolgung und die Angst zu sterben – deswegen rennen Menschen aus ihrer Heimat weg. Nicht wegen eines Maschendrahtzauns, ob nun in Auerbach oder rund um Europa aufgestellt. Bundesinnenminister de Maizière, dessen Hugenottenfamilie einst nach Brandenburg flüchtete, und auch schon zuvor Bayerns Finanzminister Markus Söder, der als Jugendlicher ein Poster von Franz Josef Strauß über seinem Bett hatte, forderten in Zeiten, in denen der rechte Terror fast täglich Flüchtlingsheime anzündet, doch tatsächlich, das Taschengeld zu streichen oder zu reduzieren – und gossen damit weiter Öl ins Feuer. Die Rede ist von den monatlich läppischen 145 Euro, die Asylbewerber erhalten. Alles in allem etwas weniger als ein Hartz-IV-Empfänger, womit sie an der Armutsgrenze leben. Und diese möchten de Maizière und Söder beschneiden, um die Anreize, nach Deutschland zu kommen, zu verringern? Glauben die ernsthaft, dass jene, die es doch noch geschafften haben, aus ihrer zerbombten Heimat mit Mühe und viel Not irgendwie zu flüchten, daran interessiert sind, ob sie 5 Euro mehr oder weniger bekommen? Wenn sich beide Politiker das Taschengeld »genauer anschauen« und damit das das Asylrecht verschärfen möchten, suggerieren sie, der Leistungssatz wäre möglicherweise zu hoch, und rennen damit den Rechten offene Türen ein, die ja behaupten, die Ausländer lebten hier angeblich im »Sozialschmarotzertum«. Ein gefährliches, fahrlässiges Unternehmen des Bundesinnenministers.

Wenig geschickt war es von de Maizière übrigens auch, tautologisch von »schutzbedürftigen Flüchtlingen« zu reden, schließlich sind alle Flüchtlinge schutzbedürftig. Das Boot mit mehr als 500 Millionen Menschen in der Europäischen Union ist nicht voll, noch lange nicht. Wir leben in Deutschland im Überfluss, sind Exportweltmeister und klare Wirtschaftsmacht in Europa. Wirtschaftlich gesehen, trägt Migration langfristig sogar zur Verbesserung des Sozialstaates bei. Es gibt keinen vernünftigen Grund, abzuweisen. Die Rechten machen allerdings mit allem Stimmung, was sie in die Finger bekommen. Die Wahrheit bleibt meist auf der Strecke.

Steile Thesen der Rechtspopulisten

Wirtschaftsflüchtlinge vom Balkan missbrauchen das Asylrecht!
Zunächst gibt es keine »Wirtschaftsflüchtlinge«, sondern schon eher Armutsflüchtlinge, und Asyl bekommen auch nur Menschen, die auf der Flucht sind. Die Rechten versuchen damit, politisch Verfolgten das Asylrecht abzusprechen. Schlimmer noch suggerieren die »Wirtschaftsflüchtlinge vom Balkan«, dass sie zum einen überhaupt ein Problem sind und zum anderen das größte. Tatsächlich kommen die meisten Menschen aber aus Krisengebieten und nicht vom Balkan – und Asylanträge von Balkan-Flüchtlingen werden mit mehr als 99-prozentiger Wahrscheinlichkeit abgelehnt.

Mit teuren Smartphones kann es dem Sozialschmarotzertum ja gar nicht so schlecht gehen! Teuer ist zunächst einmal relativ, da viele Menschen gebrauchte Geräte kaufen. Nahezu alle Handyhersteller verkaufen außerdem abgespeckte, billige Versionen ihrer Geräte in den Schwellen- und Entwicklungsländern, und selbst dafür brauchen arme Menschen sehr lange, um sie anzuschaffen. Anders als hierzulande ergänzt nicht, sondern ersetzt das Smartphone zahlreiche Gegenstände eines typischen Haushaltes, die sich die Ärmsten der Armen einzeln nicht leisten könnten, und es vereint außerdem viele Aufgaben: Telefon, Radio, Fernseher, Computer, Internet, E-Mail, SMS, Messenger, Media-Center, Fotoalbum, Zugang zu sozialen Netzwerken, Musikanlage, Landkarten, Uhr, Spielekonsole, Taschenrechner, Wörterbuch, Lexikon, Notizbuch, Kalender, Taschenlampe, Adressbuch und so weiter. Für eine lange und gefährliche Flucht ist die GPS-Funktion zur Ortung, beispielsweise um Fluchtrouten und Schleuser zu finden und Grenzkontrollen aus dem Weg zu gehen, überlebenswichtig. Während der »Reise« und auch im neuen Land dient es zur Kommunikation mit der Familie und Freunden in der Heimat. Sie sind auf das Gerät angewiesen.

Andere Staaten der Europäischen Union unternehmen weniger als Deutschland! Auch hier manipulieren Zahlen die Wahrheit. Tatsächlich beantragen zwar etwas mehr als ein Drittel Asyl in Deutschland. Auf die Einwohnerzahl gerechnet, ist dies aber nur die halbe Miete: Nach Schweden, Ungarn,

Österreich und Malta steht Deutschland an nur fünfter Stelle von den 28 EU-Staaten.

Europa trägt die Hauptlast der Flüchtlingsströme! 2014 flüchteten aus Syrien die meisten Menschen: 3,9 Millionen, um genau zu sein. Aber Europa nahm laut UNHCR nur 6 Prozent dieser Flüchtlinge auf. Länder wie Jordanien, die Türkei und der Libanon nehmen Millionen der weltweiten Flüchtlinge auf. Vier Fünftel der weltweiten 60 Millionen Flüchtlinge bleiben übrigens in ihrer Region oder ihrem Nachbarland und ziehen nicht weiter weg.

Wir Deutsche haben genug! Alle repräsentativen Umfragen sagen etwas anderes: Rund die Hälfte der Deutschen ist der Ansicht, dass wir von der hohen Flüchtlingszahl nicht überfordert sind. 61 Prozent macht es keine Angst, dass so viele Flüchtlinge nach Deutschland kommen. Genauso viele glauben nicht, dass dadurch die gesellschaftlichen und kulturellen Werte bedroht werden. 70 Prozent finden, dass die Flüchtlinge und Migranten das Leben hierzulande interessanter machen werden. 85 Prozent wollen »legale Möglichkeiten zur Einreise nach Deutschland« schaffen. 93 Prozent sind sogar der Auffassung, dass es richtig ist, dass Deutschland Flüchtlingen Schutz bietet. Neben den Zahlen, die klar das Gegenteil beweisen, auf der anderen Seite natürlich nur eine Tendenz darstellen, nutzen die Rechten gerne das »Wir« oder »Wir Deutsche«, um eine Mehrheit oder sogar einen angeblich »einheitlichen Volkswillen« zu propagieren, der aber nicht vorliegt. Apropos *Schwarmintelligenz*: Die

tausend Fliegen über dem Hundekot können nicht irren –
und dennoch ist es Mist.

Flüchtlinge kosten den Steuerzahler viel Geld! Die Ausgaben
betragen für 2015 voraussichtlich 6 Milliarden Euro und
damit verschwindend geringe 3,9 Prozent des Bundeshaus-
haltes. Das Arbeitslosengeld II kostet beispielsweise rund
sechs Mal so viel, die Zinsen auf unsere Schulden sieben
Mal so viel und die Rettung der armen Banken hat den deutschen Steuerzahler seit 2008 rund 236 Milliarden Euro gekostet. Die Aufwendungen für Flüchtlinge und Migranten
sind dagegen Peanuts.

Ungebildetes Pack! Wer im Glashaus sitzt, sollte nicht mit
Steinen werfen. Es ist gewiss schwer, einen Schnitt aus
60 Millionen Individuen zu berechnen. Wir kennen auch
nicht alle *Heimatvertriebenen* persönlich, um diese Behauptung zu bestätigen oder zu widerlegen. Es gibt tatsächlich
überhaupt keine genauen Zahlen, da die Angaben zu Bildung und Qualifikation, wie sie das Bundesamt für Migration und Flüchtlinge erhebt, freiwillig sind. Werfen wir
mit dieser Statistikform einen Blick auf die Flüchtlinge aus
Syrien – mit mehr als einem Fünftel ist Syrien das Land, aus
dem die meisten nach Deutschland kommen: Drei Viertel
dieser Flüchtlinge haben eine gute Schulbildung und kommen aus durchschnittlichen oder sogar guten wirtschaftlichen Verhältnissen. Aber natürlich finden sich auch weniger Gebildete unter den Flüchtlingen, und natürlich sind die
Syrer nicht der Durchschnitt. So what? Absurd, einen Men-

schen wieder abzuschieben, der in der Heimat erlebt hat, wie seine Familie ermordet und er oder sie vergewaltigt wurde, aber keinen vernünftigen Schulabschluss besitzt. Das Menschenrecht auf Asyl gilt allen, nicht nur den Akademikern. Wer auf die Bildung als Argument gegen Flüchtlinge verweist, führt anderes im Schilde.

Der Osten Deutschlands muss die meisten Asylanten aufnehmen! Auch diese Behauptung ist falsch, im Gegenteil: Alle fünf neuen Bundesländer sind Schlusslichter, wenn man das Verhältnis von Flüchtlingen zu Einwohnern berechnet. Bremen hat mit 56 Einwohnern pro Flüchtling die meisten und Sachsen mit 238 die wenigsten.

Jetzt kommen unkontrolliert Terroristen nach Deutschland! Die Warnung vor »ISIS-Kämpfern oder islamistischen Schläfern« stammt von Panik-Ex-Minister Hans-Peter Friedrich, der es immer gut verstand, unbegründet Angst zu schüren. Man dürfe ja nicht warten, »bis ISIS in München oder in Bayreuth den Ersten geköpft hat«, sagte er tatsächlich. Und so jemand war mal Bundesinnenminister und politisch verantwortlich für den »gesellschaftlichen Zusammenhalt«. Fakt ist, dass die Sicherheitsbehörden und die Geheimdienste keine Erkenntnisse haben, dass unter den Flüchtlingen auch Terroristen sind. Aber wenn in den nächsten Jahren mal ein derartiger Vorfall passieren wird, dann lacht Friedrich vermutlich aus seiner *Wuthöhle* heraus: *Ich hab's euch doch gesagt!*

Wir müssen den Asylbetrüger stoppen! Keine neue Phrase, nur noch mal aufgewärmt von Pegida und anderen Rechten. Tatsächlich ist es äußerst schwer, hier überhaupt Asyl zu erhalten – trotz des Menschenrechts. Deutschland macht es sich als Binnenland mit dem Dublin-Verfahren sogar noch ziemlich leicht und konnte mit diesem Trick alleine 2014 mehr als jeden dritten Antrag ungeprüft ablehnen. Aber auch der, wessen Asylantrag außerhalb des Dubliner Übereinkommens abgelehnt wurde, missbraucht noch lange nicht das Asylrecht. Ist ein Bankkunde gleich ein Kreditkartenbetrüger, weil sein Antrag auf VISA wegen fehlender Bonität abgelehnt wurde? Ist der Steuerzahler gleich ein Steuerbetrüger, weil der Steuerbescheid nicht auf ± null endet? Ist ein Bauherr gleich ein Sozialbetrüger, weil sein Antrag auf Fördermittel abgelehnt wurde?

Wenn der Krieg in deren Heimat zu Ende ist, bleiben sie trotzdem in Deutschland! Gemeint ist hier die »Schutzquote«, also wie viele eine Aufenthaltsberechtigung erhalten. Im Schnitt der vergangenen zehn Jahre lag sie hierzulande bei 25 Prozent. Also nur jeder Vierte bleibt tatsächlich auch dauerhaft hier. In Deutschland kommen auf 10 000 Einwohner nur zwei Menschen, die wir als Staat endgültig aufnehmen. Diese Anerkennungsquote ist in Norwegen und Schweden sogar fünf Mal höher.

Alle kriminell, in den Flüchtlingsheimen ist Gewalt an der Tagesordnung! Wer mehrere Tausend Kilometer zu Fuß und über Wasser geflüchtet ist aus einem Land voller Angst und Schrecken, ist traumatisiert. Dass es zu emotionalen Entladungen in den überfüllten, teils miserablen Unterbringungen auf engstem Raum mit verschiedensten Kulturen und Religionen, und mit der Tragödie im Hintergrund und der Angst um die ungewisse Zukunft kommen kann, ist verständlich. Menschen in solch einer schrecklichen Situation zu kriminalisieren, ist beschämend.

Die verdienen viel mehr als in ihrer Heimat! Gemeint sind hier nicht die Einnahmen aus einer Beschäftigung, sondern die Sozialleistungen, die Flüchtlinge auf Grundlage des Asylbewerberleistungsgesetzes erhalten. Wie schon geklärt, leben sie an der Armutsgrenze. Und gewiss mag diese Summe in dem einen oder anderen Land einem mehrmonatigen Gehalt entsprechen. Die Schreie nach »zu viel« sind aber propagandistisch, verschleiern sie doch, dass es um das (Über-) Leben in Deutschland geht – und hier sind die Lebenshaltungskosten deutlich höher.

Die mitmischenden Medien

Wie Sie sehen, ist die rechte Phrasendreschmaschine geschickter und populärer geworden und trägt auch keine Springerstiefel mehr.

Die Lügen lassen sich aber leicht entschlüsseln. Leider erhalten die »besorgten Bürger« nicht nur von den Initiatoren der Pegida-Bewegung, von anderen rechten Demagogen und einigen Verwirrten der Volksparteien, sondern ausgerechnet auch von manchen Medien Unterstützung. Von

Journalisten, die besonnen und ausgewogen unter Einhaltung der publizistischen Grundregeln berichten sollten. Als schlimmster Vertreter ist aus unserer Sicht das Boulevardblatt *Bild* zu nennen, das über Jahrzehnte hinweg mit Kampagnenjournalismus den rechten Pöbel heranzüchtete und gegen Ausländer und andere Völker hetzte. *Bild* hält sich nicht an den Pressekodex und feiert seine Verfehlungen auch noch als Gewinn – und zieht damit den ganzen Journalismus in den Dreck.

Der Schriftsteller Max Goldt hatte schon recht, als er vor 15 Jahren schrieb: »Diese Zeitung ist ein Organ der Niedertracht. Es ist falsch, sie zu lesen. Jemand, der zu dieser Zeitung beiträgt, ist gesellschaftlich absolut inakzeptabel. Es wäre verfehlt, zu einem ihrer Redakteure freundlich oder auch nur höflich zu sein. Man muss so unfreundlich zu ihnen sein, wie es das Gesetz gerade noch zulässt. Es sind schlechte Menschen, die Falsches tun.«

In den fünfzehn Jahren danach hat sich wenig geändert: Die *Bild* bedient noch immer Feindbilder, befeuert Ressentiments und nutzt die niederen Instinkte der blauäugigen Leser aus. Besonders mit Blick auf die Flüchtlingskrise sieht das Massenklopapier widerlich aus, wenn sie über die Jahre hinweg »Dauerkriminelle Ausländer ausweisen!« und »Nicht wir müssen uns den Ausländern anpassen, sondern sie sich uns« fordert, sowieso ganze Serien über angeblich »kriminelle Ausländer«, über die »bittere Wahrheit über Ausländer und Hartz IV« oder die »Wahrheit über Roma in Deutschland« schreibt. Jede Randgruppe, die sich nur schwer wehren kann, nimmt sich die *Bild* vor. Ein erbärmliches Stilmittel. In diesen »Wahrheiten« stehen dann absurde Behauptungen, z. B. dass ausländische Kinder »in ihren Familien schon zu Kriminellen erzogen« würden, dass es einen »Islam-Rabatt« für Kindermörder gäbe, dass Sanitäter im »Asyl-Hotel« schon Schutzwesten tragen müssten und dass es »alarmierend hohe Hartz-IV-Quoten bei Ausländern« gäbe. Alles in Schriftgröße 88, garniert mit verzerrten Fakten, verdrehten Wahrheiten und fragwürdigen Studien, die ein gefundenes Fressen für die Fremdenfeinde sind. Die Geister, die *Bild* rief, sind zweifelsohne auch jene, die sich durch die »Berichterstattung« bestätigt und ermutigt fühlen, Flüchtlingsheime anzuzünden und körperlich oder verbal gegen Flüchtlinge und Migranten vorzugehen. 2015 gab es fast täglich einen Anschlag auf eine Flüchtlingsunterkunft.

Damit das Boulevardblatt nicht selbst immer die Behauptung aufstellen muss, holt es sich hin und wieder rechte Knallchargen wie Thilo Sarrazin mit ins Boot, dessen Maske im Kostümverleih in der Abteilung Partybrillen zu finden ist. Meist hetzt das Blatt dann mit Zitaten, die aus drei Kilometer Entfernung zu lesen, aber erst drei Zentimeter davor als wörtliche Rede zu erkennen sind. Und diese Zeitung verurteilt ausgerechnet jene Hetze, die sie selber über Jahrzehnte in die Welt gesetzt hat – und »entlarvt« die eigenen Vorurteile? Welch zynische Doppelmoral! Glücklicherweise gibt es Initiativen wie BILDblog.de, die als Watchblog die Märchen enttarnen und wichtige journalistische Aufklärungsarbeit leisten.

Trotz des Hasses muss aber auch auf die positiven Dinge

verwiesen werden: Die meisten Menschen fallen eben nicht auf die sprachlichen Lügen und die Stimmungsmache der Rechten und mancher Politiker und Medien herein, sondern zeigen im Gegenteil viel Verständnis und eine große Hilfsbereitschaft. Viele Prominente nutzen zudem ihre Massen, um auf die Probleme mit den Rechten und auf den Gewinn von Flüchtlingen hinzuweisen: Siham El-Maimouni – 2015 als beste Radiomoderatorin ausgezeichnet – trug bei der Preisverleihung des Deutschen Radiopreises genauso wie die Band *Deichkind* beim *ECHO*-Award einen »Refugees Welcome«-Pulli mit größeren Buchstaben, als die *Bild* sie je abdrucken könnte. Ob nun ernsthaft in Form eines Kommentars wie Anja Reschke in den Tagesthemen oder die Moderatorin Dunja Hayali, satirisch wie Oliver Kalkofe oder als Satiriker ernsthaft wie Klaas Heufer-Umlauf und Joko Winterscheidt: Viele Stars bekennen Farbe gegen Fremdenhass. Ein alter Song gegen Fremdenfeindlichkeit – der Dauerbrenner *Schrei nach Liebe* von *die ärzte* – stürmte wieder an die Spitze der Musikcharts. Auch Fußballvereine zeigten Flagge, motiviert auch von der wichtigen Arbeit von *BAFF* im Vorfeld, das sich seit Jahren gegen Rassismus im Fußball engagiert. In den sozialen Netzwerken ist der Hashtag #refugeeswelcome ein Statement. Und nicht zu vergessen: die wertvolle Arbeit der Menschenrechtsorganisationen wie *Pro Asyl*, *Amnesty International* und *Gesicht Zeigen!*, Informationsmedien wie no-nazis.net und Publikative.org der Amadeu-Antonio-Stiftung, Initiativen wie *Kein Bock auf Nazis* und auch von satirischen Aktionen wie *Storch Heinar* und die *Front Deutscher Äpfel*, die allesamt niemals locker ließen.

Gesellschaft

Sollten Sie nach der nächsten Wirtschaftskrise gekündigt werden und darüber den Verstand verlieren, haben Sie bitte keine Sorge. Unser Sozialstaat fängt Sie immer auf – und gibt Ihnen Orientierung. Bei der Bundesagentur für Arbeit erklärt Ihnen beispielsweise die automatisierte Telefon-Hotline, dass Sie »sich heute für den telefonischen Kontakt entschieden« haben. Wer hätte das gedacht? Wenn Sie also kurz darauf bei Ihrem Sachbearbeiter im Büro sitzen, wird der wohl seinen Namen tanzen und Ihnen signalisieren: »Sie haben sich für einen persönlichen Besuch entschieden. Sie befinden sich in einem Raum mit vier Wänden. Geben Sie bitte Ihre Kundennummer an der Lehne Ihres Stuhls ein. Drücken Sie die Vier, um eine Weiterbildung zu beantragen. Mit der Sieben ist ein freies Gespräch möglich. Die Neun aktiviert den Schleudersitz.« Völlig Panne!

»Das Allerselbstverständlichste ständig zu bestätigen und zu wiederholen« hat schon Ford Prefect moniert, Autor eines der bedeutendsten Lexika, auf dem in großen freundlichen Buchstaben »Keine Panik« steht. Schöner Tag! Ja. Es ist heiß! Ach was. Es regnet! Ja doch.

Sie wollen mehr wissen? Ja, gerne. Sagt Ihnen die alte Bezeichnung Arbeitsamt noch etwas? Ja, Opa erzählte davon. Dann drehen wir jetzt die Zeit zurück – und wieder vor.

Stempeln gehen

Kennen Sie noch das Stempelgeld? Bis ins letzte Drittel des vergangenen Jahrhunderts war das der umgangssprachliche Begriff für das Arbeitslosengeld. Und dieses Bild war präzise gewählt. Denn wer sich arbeitslos meldete, erhielt eine Stempelkarte. Zahlte das Amt Geld, damals noch in bar, wurde das mit einem Stempel auf der Karte quittiert. Wer arbeitslos war, ging stempeln. So klare und vor allem ehrliche Sprachbilder sind selten geworden.

Natürlich ist es heute wie damals alles andere als ein Vergnügen arbeitslos zu sein – aber es klingt viel angenehmer. Den Sprachkosmetikern sei Dank, ist man nämlich gar nicht arbeitslos. Man ist »arbeitssuchend«, wurde für den Arbeitsmarkt »freigesetzt« oder »orientiert« sich beruflich neu. Das schmeichelt dem Ohr. Und wenn Ihnen das auch noch zu verräterisch klingt, dann sagen Sie einfach, Sie befänden sich in einer Job-to-Job-Phase – das macht die zuständige Bundesbehörde nämlich auch so.

Dort pflegt man schon seit Längerem diese Sinfonie des Wohlklangs. Das Arbeitsamt versucht, den muffigen Sound der Stempel auszufiltern und nennt sich längst Arbeitsagentur – offiziell sogar Agentur für Arbeit. Und Sie sind? Genau: die »Kunden«. Alle sind dort zentral versammelt. Nein, nicht die Arbeitslosen. Die Jobs! Gleich um die Ecke im Jobcenter.

Das Orchester spielt also nun in feinsten Tönen die Sprachkomposition »Neuorientierung featuring the Jobcenter«, und zwar in 3D-Surround. Wer mag denn da noch die alte Schellackplatte mit klappernden Schreibmaschinen und donnernden Stempeln hören?

Falls Ihnen das Klangspektakel trotzdem einfach nicht gefallen will: Beschweren Sie sich! Auch auf diese Situation ist die Agentur für Arbeit selbstverständlich vorbereitet. Eigens für Lob und Tadel wurde eine Abteilung eingerichtet, die telefonisch und auch online erreichbar ist. Verschwenden Sie aber keine Zeit auf der Internetseite mit der Suche nach der Beschwerdestelle. Die gibt es nicht, das klingt zu sehr nach Stempel. Bitte klicken Sie einfach auf *Kundenreaktionsmanagement*.

Umgekehrt
wird ein Schuh draus

Dass man mit Sprache lügen kann, ohne dass es in der Wortwahl auffällt, ist eine Kunstrichtung im Umgang mit entsprechenden Begriffen. Dabei handelt es sich natürlich nicht um die feine Art der Kommunikation, aber im Alltag ist niemand davor gefeit. Umgekehrt aber darf sich auch keiner in Sicherheit wähnen, mittelschweren Textunfällen zum Opfer zu fallen – wobei sich die Frage stellt, wer letztlich wirklich das Opfer ist.

Eine gewisse Bedrohung allerdings schwingt schon mit, wenn eine Tageszeitung titelt: »Navigationsgeräte: Rentner neue Zielgruppe!« Wer das liest, mag geneigt sein, mit dem Rollator größere Sprünge zur Seite zu proben oder vor dem Spaziergang die Straßenkarte auf sichere Fluchtwege zu überprüfen. Oder wird diese Schlagzeile womöglich als Aufforderung aufgefasst? Arbeiten die Hersteller von Navigationssystemen etwa heimlich an Action-Spielen für den gelangweilten Automobilisten? Wir sehen den Bildschirm schon vor uns: Tippen Sie auf das Rentner-Symbol – Sie finden mögliche Ziele im Unterordner Senioren-Abenteuer.

Und was mag sich der Vorsitzende eines Handwerksverbandes wohl gedacht haben, als er sich zitieren ließ mit den Worten: »Flüchtlinge sollen schneller arbeiten dürfen!« Geht es mal wieder zu langsam voran in der Produktion? Arbeiten Flüchtlinge im Zeitlupentempo? Bremst da jemand?

Der Eindruck täuscht, es ist noch viel schlimmer: Die arbeiten gar nicht. Und das nicht etwa, weil ihre Geschwindigkeit nicht deutschen Ansprüchen genügt, sondern weil sie es schlicht qua Gesetz nicht dürfen. So gesehen, kann man gar nicht langsamer arbeiten als überhaupt nicht. Und die Vermutung liegt nahe, dass der Handwerksvertreter in Wirklichkeit sagen wollte, Flüchtlingen sollte schneller eine Arbeitserlaubnis erteilt werden. Aber das war dem Redakteur wohl zu lang für die paar Buchstaben, die für die Überschrift vorgesehen sind. Sie sehen, was dabei herauskommen kann.

Aus einer vergleichbaren Wortwurstfabrik stammt die vielsagende Botschaft für Insassen einer Justizvollzugsanstalt – vormals auch als Gefängnis bekannt. Wir nehmen mit Erstaunen, aber auch Verständnis die Meldung einer Hamburger Zeitung zur Kenntnis, die titelt: »160 Häftlinge warten auf Tag der offenen Tür!« Das ist doch mal eine plausible Schlagzeile. Und mal ehrlich: Egal, für wen diese interessante Veranstaltung wirklich gedacht war, die Bedeutung von *warten* konnte selten breiter ausgelegt werden als in diesem Fall.

Erschreckend auch eine Meldung, die uns aus Köln ereilte: Dort war ein Manager angeklagt wegen Untreue. Die Staatsanwaltschaft warf ihm vor, seine Ehefrau auf Dienstreisen mitgenommen zu haben. Was für eine verzwickte Situation. Wir konnten zwar nicht herausfinden, ob der Beklagte seine Gattin aus Treuegründen stets an seiner Seite hatte – die Anschuldigung der Anklage lässt aber immerhin vermuten, dass er finanziellen Glücksmomenten ebenso zugetan sein mochte wie seiner angetrauten Frau. Eine Urteils-begründung mag man sich ja kaum ausdenken: Der Ange-klagte ist der Untreue überführt, weil er seine Frau stets an seiner Seite haben wollte. Geld und Gattin stehen juristisch manchmal in einer unglücklichen Beziehung.

Wenn Sie zu den Millionen Pendlern in Deutschland zählen, die mit dem Auto täglich unterwegs sind, dann sind Sie bestens vertraut mit den Verkehrshinweisen der Radio-sender. Und mit der technischen Errungenschaft namens Hinz – das ist der lange Pieps vor den Meldungen – schaltet sich Ihr Radio automatisch lauter. Für die Detailversesse-nen unter Ihnen sei bemerkt: Der zweite Pieps, der sehr kurz ist, hat keinen offiziellen Namen. Im Sender nennen wir ihn aber alle Kunz. Nun haben wir Ihnen also mittels Hinz das Empfangsgerät auf Endlautstärke gedreht und teilen Wich-tiges mit: »Auf der Autobahn 3, zwischen Kreuz Leverkusen und Dreieck Heumar behindert Nebel mit Sichtweiten un-ter 50 Metern den Verkehr – in beiden Richtungen.« Kunz. Und ein kurzes Stocken hinter den Lenkrädern. Nebel. In beiden Richtungen. Ob es ein Naturspektakel ist oder Al-kohol in der Redaktion dahintersteckt – wir geben schnells-tens zurück ins Funkhaus.

Diät

Rank und schlank, fein und rein – faltenfrei bis ins hohe Alter. Nehmen wir doch gerne! Wer möchte denn schon gerne ein echter Knüller sein, der sich über runzelige Gesichtszüge und verknitterte Schenkel definiert? Also: Her mit der Diät!

Neulich tauchte ein wirklich wahres Wort auf: Hungerdiät. Die Freude über eine so treffende Formulierung dauerte jedoch nicht lange. Es war gar nicht von der Schlankheit des Körpers die Rede – es ging um die Finanzen Griechenlands. Und zwar nur um Geld, nicht etwa um die Konsequenzen für die Bevölkerung. Die mag zwar auch unter einer Hungerdiät leiden, aber das war nicht das Thema.

Abgesehen von dieser Entwicklung, hat sich aber sprachlich eine Verschlankung durchgesetzt, die eine ganze Reihe von Ländern betrifft. Nämlich all jene, die nach Einwanderern rufen, weil die einheimische Bevölkerung schrumpft. Tragisch, dass entgegen der weltweiten Entwicklung die Menschen offenbar kleiner werden, auch wenn sämtliche Wissenschaftler das Gegenteil belegen. Nein, zum Glück schrumpft nur die Bevölkerungszahl, und das lediglich verbal, wird kleiner und im schlimmsten Fall geht sie sogar zurück. Wohin auch immer.

Vergessen Sie in diesem Fall übrigens Hilfe vom Freund und Helfer. Die Polizei – gern als Ordnungshüter betitelt – ist selbst auf dem Selbstfindungskurs zur feinen Formulierung. Oberstes Gebot: Bloß nicht politisch unkorrekt sein.

Was dabei herauskommt, wird täglich in den Polizeiberichten gnadenlos schriftlich dokumentiert.

Quizfrage: Sie müssen über einen alten Mann berichten, der bei Rot über die Straße geht und angefahren wird. Wie formulieren Sie das in Ihrem Bericht, ohne sich dem Verdacht der Altersdiskriminierung auszusetzen? Hier ist die Lösung: »Ein Mann überquerte die durch Lichtzeichenanlagen gesicherte Querung. Durch einen Zusammenstoß erlitt der lebensältere Fußgänger Verletzungen zu seinem Nachteil.«

Sehen wir jetzt mal großzügig davon ab, dass eine *Lichtzeichenanlage* nichts anderes ist als eine Ampel und die *Querung* ein Zebrastreifen. Und darüber hinaus ignorieren wir auch, dass Verletzungen wohl grundsätzlich nie zum Vorteil eines Menschen entstehen. Was soll uns die Bezeichnung »lebensälterer Fußgänger« suggerieren? Gibt es keine alten Männer mehr, nur weil die angeblich korrekte Sprache sie ausblendet? Fühlen sich 86-Jährige jünger, weil ihnen sprachlich Honig ums Maul geschmiert wird?

Oder ist es doch eher eine grassierende Angst vor Kleingeistern, die sich vom Großgeist besessen fühlen und jegliche konkrete Beschreibung zum Politikum erheben? Im Sinne von: Alt ist diskriminierend! Es darf allenfalls lebenserfahren heißen. Solche Sprachpanscher brauchen Sie nicht ernst zu nehmen. Die sind meist nicht einmal alt – und erst recht nicht lebenserfahren.

Homo-Ehe abgeschafft

Wir waren ja schon von Anfang an dagegen. Immer diese Extrawürste – und dann auch noch für eine Minderheit, die gerade mal zehn Prozent der Bevölkerung ausmacht. Homo-Ehe! Was soll denn das überhaupt sein? Wird da für Schwule und Lesben mal eben die Ehe neu erfunden? Die gibt es doch schon. Erstaunlich, dass sich dieser Begriff so lange halten konnte, denn schon vor mehr als einem Vierteljahrhundert waren auf den Christopher-Street-Days dieser Republik Plakate zu sehen, auf denen diese *Homo-Ehe* gefordert wurde. Und weil sich auch die politischen Bewegungen dieser Wortwahl bedienten, war das Schlagwort nicht mehr zu bremsen.

Was wurde viele Jahre später daraus? Eine »eingetragene Lebenspartnerschaft«. Also keine Ehe – und erst recht keine Homo-Ehe. Aber ein neues Wort wurde in Umlauf gebracht: Wer nicht heiraten durfte, der »verpartnerte« sich, sogar auf dem Standesamt wurden die Unterschriften geleistet. Das alles sah täuschend ähnlich aus, aber war eben doch nur eine billige Kopie – identische Rechte und Pflichten wie in der Ehe, das sollte dann doch nicht sein. Nun ist es auch konservativen Parteien nicht verborgen geblieben, dass gelegentlich eine öffentlichkeitswirksame Entscheidung für Popularität ganz nützlich ist, denn irgendwann steht die nächste Wahl an – und da wird auch nach Sympathie entschieden.

Mit anderen Worten: Für die eingetragene Lebenspartnerschaft sollten ein paar mehr Rechte gewährt werden, rasch wurden Gesetzentwürfe geschrieben – nur das mit der Sympathie geriet aus dem Blick. Der wenig schmeichelhafte Titel lautete: »Lebenspartnerschaftsbereinigungsgesetz«. Den darf man sich mal auf der Zunge zergehen lassen. Knapp an der »Säuberung« vorbeigeschrammt, will der Gesetzgeber also die Lebenspartnerschaft bereinigen. Oder gilt die Reinigung doch den bisher geltenden Regeln? Man weiß es nicht genau. Und ohne Bindestriche wird da keine Lösung möglich sein.

Aber was ist denn nun mit der Homo-Ehe, die keine ist? Die wird niemals eingeführt werden, weil es sie gar nicht geben kann. Was aber möglich ist, wird klar, wenn präzise formuliert wird – nämlich: Öffnung der Ehe für gleichgeschlechtliche Paare. Zugegeben, das ist nicht gerade tauglich für ein Schlagwort oder eine kurze und knackige Aufschrift auf einem Plakat. Aber es stimmt im Gegensatz zur Homo-Ehe, die so tut, als würde es eine zweite Form der Ehe geben. Jetzt wissen Sie auch, warum alle sprachlich gewandten Menschen immer gegen die Homo-Ehe waren.

Und wem gelingt es, diese verkrustete Falschbezeichnung mit einem Schlag aus der öffentlichen Debatte zu werfen? Es war die Tagesschau. Sie veröffentlichte eine kurze Notiz und teilte mit, nicht mehr von der Homo-Ehe zu sprechen, sondern von der Ehe für alle. Und siehe da: Plötzlich folgten andere Medien diesem Vorbild und verwendeten ebenfalls eine präzise Formulierung für das, worum es wirklich in der Debatte geht.

Nicht verschweigen möchten wir allerdings, dass dieselbe Redaktion einige Tage zuvor für eine kleine Schockwelle gesorgt hatte. Im Eifer des Nachrichtengeschäfts schlich sich ein Redigierfehler in den Text auf der Internetseite der Tagesschau ein, und es stand zu befürchten, dass alle heterosexuellen Paare künftig für die Ehe disqualifiziert sind. Man könnte beinahe Absicht unterstellen, um das Gefühl homosexueller Paare spürbar zu machen. Aber wie gesagt, es war nur ein kleines Versehen im Text, als gemeldet wurde, es werde nun die Forderung nach der Homo-Ehe für alle erhoben. Aber die ist ja zumindest sprachlich endlich abgeschafft.

Jugendlicher Mittfünfziger

Chiffre-Anzeigen waren ja schon immer eine ziemlich verruchte Angelegenheit, damals, als es noch keine Online-Dating-Foren gab und man stundenlang über einem Text brütete, der dann als Kontaktanzeige in die Redaktion geschickt wurde. Keiner konnte letztlich herausfinden, wer den Text geschrieben hatte, außer er nahm Kontakt über die Chiffre-Nummer auf. Aber es war ein Abenteuer – vielleicht würde ja doch jemand aus den Angaben in der Kleinanzeige erkennen, wer dahintersteckt?

In Zeiten des Online-Datings hat sich einiges verändert. Fotos sind so gut wie selbstverständlich geworden, und

Details von untenrum werden auch nicht gerade zurückgehalten. Interessant aber ist, dass die Texte nach wie vor dem Muster aus vergangenen Zeiten entsprechen. Da klicken wir uns doch mal durch – und wundern uns. Ein »jugendlicher Mittfünfziger« hat da ein Profil eingerichtet. Es ist detailliert ausgefüllt – von der Haarfarbe bis zu den zentimetergenauen Maßen des Gemächts. Größe, Gewicht, sexuelle Gesinnung – alles ist fein säuberlich niedergelegt. Schließlich will man ja gefunden werden in der Suchmaschine des Dating-Portals. Das funktioniert sogar, da kann der Algorithmus ja nichts dafür. Nur ist der noch nicht in der Lage, Text und Bild zusammenzubringen.

Aber wo bleibt das »jugendlich«, wenn auf den Bildern eindeutig erkennbar ist, wie die Schwerkraft an der Wahrheit zerrt? Was ist gemeint, wenn der »Kuschel-Boy« mit seinen stattlichen 60 Jahren »jungenhaft« erscheinen möchte, aber selbst Bildbearbeitungsprogramme und Weichzeichner nichts mehr ausrichten können?

»Sehe jünger aus«, lautet oft der Hinweis, verbunden mit der Information, das Licht sei ungünstig gewesen und in Wirklichkeit werde man »stets auf unter 40 geschätzt«. Um noch einen draufzusetzen, wird ergänzt, man habe es mit einem »potenten« Kandidaten zu tun. Und natürlich darf der Hinweis nicht fehlen, man verfolge »keine finanziellen Interessen«.

Gehen wir mal davon aus, dass es sich nicht um eine rein finanzielle Potenz bei dem jugendlichen Mittfünfziger handelt und damit sein Kontoauszug nicht analog zur Hose wächst – was möchte er uns mitteilen? Das Ergebnis dürfte in etwa so effektvoll sein, wie der bis heute gern verwendete Hinweis: »Bitte nur seriöse Zuschriften«. Da können Sie auch gleich ein Schild an die Sparkasse hängen mit der höflichen Aufforderung: »Bitte keine Bankräuber!«

Wirtschaft

Was dem Hamburger Fischmarkt seine lautstarken Verkäufer sind, ist der Wirtschaft der wortgewaltige Manager. Alles *zum günstigsten Preis*, so was bekommt ihr *nur bei uns*, alles frisch und extra für euch – irgendwie muss das Zeug ja verkauft werden. Und ob es dabei um fangfrischen Fisch oder ebensolche Kunden geht, ist letztlich egal. Der Mechanismus dahinter zählt, die rhetorische Kunst, Menschen zu überzeugen von Dingen, die sie nicht kennen, wollen, brauchen oder mögen.

Im Tagesgeschäft des Marketings wird deshalb gerne und teilweise sogar eindrucksvoll gut an der Wahrheit knapp vorbeimanövriert. Dass nahezu jeder Marktteilnehmer die für ihn passende Studie zitiert – geschenkt. Die Firmen geben diese meist selbst in Auftrag, und deshalb sind die Ergebnisse entsprechend vorhersehbar: Natürlich führt die von den ökologisch orientierten Unternehmen angestoßene wissenschaftliche Untersuchung zu der Erkenntnis, die Atomkraft müsse sofort abgeschafft werden. Und natürlich kommt die Studie, deren Auftraggeber aus den Reihen der »klassischen« Energiebranche stammen, zum gegenteiligen Befund. Die »absolut seriösen Studien« treffen in der Werbung, auf Lobby-Kongressen und natürlich auch in Talkshows aufeinander – und die Zuschauer wundern sich, können es aber in dem Moment nicht näher überprüfen.

Das ist Alltag, und die einigermaßen interessierten Bürger machen sich ihren Reim darauf: Sie ahnen zumindest, dass jeder große Konzern versucht, seine Position mit vermeintlichen Fakten zu untermauern und das entsprechend kundzutun. Es ist nichts anderes als das Spiel mit Informationen mit einer möglichst glaubwürdigen Verpackung, damit die daraus abgeleiteten Argumente bei den Kunden verfangen und so weitergetragen werden. Gelegentlich aber passieren Dinge, die mit diesem Rezept nicht mehr verarbeitet werden können: Personen aus dem gehobenen Management geraten in Situationen, die rechtlich so verzwickt sind, dass ihnen keine andere Wahl bleibt, als mit einer höchstwahrscheinlichen Unwahrheit – die jeder durchschaut – ihren Hintern zu retten.

Es erinnert im Kern an ganz klassische Mechanismen, Panik zu vermeiden. Jeder Flugbegleiter lernt es, die Polizei hat es in ihrem Ausbildungsprogramm, eigentlich alle Berufe, in denen Krisensituationen zum Geschäft gehören, greifen auf diese Form des Krisenmanagements zurück: Im Notfall kann auch eine Aussage zur Beruhigung beitragen, die so nicht stimmt. Aber sie wirkt, und darüber hinaus bremst sie eine weitere negative Entwicklung. Ist das in der Wirtschaft legitim? Darf zum Wohle der Bilanz gelogen werden? Wo sind die Grenzen zwischen Imagekampagne und wirtschaftlicher Schadensbegrenzung? Und welche Rolle spielen Medien, die solche Aussagen transportieren und damit freiwillig oder unfreiwillig im Sinne der Konzerne handeln?

Wir lassen diese Fragen bewusst unbeantwortet und geben Ihnen im folgenden Kapitel einige Beispiele, wie Management, Marketing und Werbung mit Sprache arbeiten und versuchen, Ihre Meinung zu bilden. Welche Schlüsse Sie daraus ziehen, möchten wir Ihnen überlassen – den *Code zur Entschlüsselung* der Worte jedoch halten Sie gerade in den Händen. Auf geht's also in die Welt der Wirtschaft und in die dunklen Hintergründe, die sogar sprachprägend sind.

Wirtschaftsgefasel

Schon gehört? »Die Seitwärtsbewegung am Rentenmarkt hat sich zur Kasse hin fortgesetzt.« Hoffentlich wird der Markt jetzt nicht nervös, denn der neigt ja besonders schnell dazu. Wir können Sie aber beruhigen. Die zitierte Meldung von der Börse ist ungefähr so spannend wie ein Abend im Elbtunnel. Denn was da so wortreich beschrieben wird, ist der Verlauf der Linie auf der Kurstafel, und die stand am Ende nahezu auf gleicher Höhe wie zu Beginn des Handelstages.

Ein Nullwachstum also. Das liegt genau in der Mitte zwischen *Minuswachstum* und *Positivverlust* und entspricht dem Wert dieser Wortschöpfungen: null. Zugegeben, den Positivverlust haben wir dazugedichtet, denn den Begriff benutzt niemand, weil er zu negativ klingt. Wer spricht schon gerne von Verlust. Dagegen ist *Wachstum* doch etwas Großartiges. Sie bekommen keine Gehaltserhöhung, weil Ihre Firma laut Geschäftsleitung erst mehr Wachstum braucht? Dann sind Sie mit Ihrem Nullwachstum auf der Gehaltsabrechnung ja sogar ganz vorne mit dabei! Und wagen Sie es bloß nicht, das Wort »Verlust« in den Mund zu nehmen und die schöngeredete Stimmung im Unternehmen zu versauen.

Schließlich hat die Geschäftsführung erst gestern ihre neue Strategie vorgestellt: Alle alten Produkte im Sortiment sollen möglichst schnell vom Markt verschwinden. Die waren zwar gut, brachten aber zu wenig Gewinn. Deshalb werden nun neue Produkte angeboten, die teurer und schlechter sind. Die Kunden werden das schlucken müssen, denn die alten Angebote gibt es ja nicht mehr.

Natürlich hat die Unternehmensleitung das so nicht gesagt. Der rhetorisch geschulte Manager weiß klare Worte zu vermeiden, erst recht, wenn er sich öffentlich äußert und die Kunden ihm auf die Schliche kommen könnten. Die klassischen Kaufleute sind längst abgelöst von Ingenieuren – oder, genauer gesagt, von *Financial Engineers*. Die Ankündigung lautete deshalb: Wir werden das alte System »abmanagen« und die Kunden »umberaten«. Dann sind auch wieder viele neue Deals in der Pipeline.

Wer so formuliert, darf sich auch ganz ungeniert zur Gattung der *Top*-Manager zählen: Mit *Top-Wachstum* in der Bilanz, *Top-Strategie* im Lebenslauf und *Top-Referenzen* in der Branche. Tippi-Toppi!

Die Sache mit dem Top vor allen möglichen Begriffen hat nur einen Haken: Sie passt nicht immer. Und wenn sie dann passend gemacht wird, entstehen haarsträubende Wortkreationen wie *Top-Terrorist*, *Top-Verbrecher* und *Top-Betrüger*. Wie gelingt uns bloß jetzt die Kurve zurück zur *Top-Wirtschaft*?

Schmerzhafte Einschnitte

Wenn der Aufsichtsratschef eines großen Unternehmens vor die Presse tritt, gibt es entweder etwas Positives oder etwas Negatives zu verkünden. Sollte bereits bekannt sein, dass die finanzielle Situation schon länger angespannt war, kann der Pressetermin nichts Gutes bedeuten. Doch seien wir ehrlich: Wirtschaft und Politik verstehen es fabelhaft, negative Aspekte blümerant zu formulieren – und wenn der Journalist nicht aufpasst, wird ein Misserfolg schnell zu einem Erfolg verklärt. Die Damen und Herren vor dem Mikrofon sind PR-Profis. Medien- und Rednerschulungen gehören mindestens in mittelständischen Firmen sowie bei Politikern zur Pflicht. In den Pressebüros von Wirtschaftsunternehmen und Parteien liegen Handbücher aus, wie mit heiklen Begriffen umgegangen werden soll.

Wenn die Bundeswehr in einen Friedenseinsatz geschickt wird, sind in den Waffenmagazinen der Sturmgewehre keine Süßigkeiten versteckt. Hier herrscht Krieg. Hier sterben Menschen. Und die deutschen Soldaten kommen traumatisiert zurück. Das sind keine friedlichen Aus- und Absichten! »Friedenssichernde« und »friedenserhaltende Missionen« hören sich im NATO-Slang einfach schöner an. Und sprechen wir lieber vom »Wachstum in Europa«, doch verschweigen dabei, dass fast alle Studien voraussagen, dass dadurch die Arbeitslosenzahlen weiter steigen werden. Die Inklusion klingt verdammt cool, was auch immer sie sein mag. Irgendwas mit Integration. Oder so. Wir sind dafür. Hat ein Politiker eigentlich schon gefordert, die Zukunft zu überwinden?

Verzeichnet eine große Firma immer weniger Einnahmen und kann die Betriebsausgaben nicht mehr decken, dann spricht der Aufsichtsratschef gerne davon, dass schmerzhafte Einschnitte folgen müssen. Eine fabelhafte Formulierung, suggeriert das »Schmerzhafte« doch eine gewisse Ehrlichkeit. Hier werden Fakten allerdings unnötig mit Emotionen in Verbindung gebracht, um die Härte zu beschwichtigen. Die »Einschnitte« verschleiern wiederum, dass es sich in Wahrheit um Kürzungen oder Stellenstreichungen handeln könnte. In Krisenzeiten hört man anschließend auch gerne vom Personalkarussell. Selten werden Sie von einem Boss hören: »Wir haben mit unserer Unternehmenspolitik die Firma an den Rand des Ruins gebracht. Die Führung hat versagt. Hätten wir doch lieber ins Ausland bestimmte Produktionsabläufe ausgelagert. Nee, ich korrigiere: Sprechen wir lieber vom Outsourcing! Englisch ist cool und rückt das Thema nicht so sehr in ein schlechtes Licht, obwohl wir leider Leute rausschmeißen müssen, die uns jahrelang treu geblieben sind und für die schlechte Unternehmensführung überhaupt nichts können. Ich möchte dafür geradestehen und werde als Zeichen des guten Willens nur zwei meiner sieben Autos behalten und meine Villa auf Mallorca verkaufen.«

Nein, das sagt niemand, das wäre auch verräterisch. Die bewusste Wortwahl ist nachhaltiger und lässt einen in einem guten Licht dastehen. Die anderen sind schuld an unserem Verderben. Da schauen die Chefs lieber wie Doug aus der Serie *King of Queens* in den Puddingbecher und sind ganz traurig, dass beim Auslöffeln der Boden schon sichtbar ist.

Des Kaisers neue Kleider

Sie kennen sicher das Märchen von des Kaisers neuen Kleidern. Der lässt sich bewundern, ihm wird wegen seiner fantastischen Garderobe zugejubelt, und alle folgen diesem Massenjubel. Bis einer schlicht und einfach feststellt, der

Monarch habe doch gar nichts an. Den Ablauf dieses Märchens können wir noch heute täglich erleben. Zum Beispiel auf einem Business-Event, also einem bunten Abend für Geschäftsleute, der nach mehr klingt, als das Büfett hergibt. Selbstverständlich werden Visitenkarten ausgetauscht und Kontakte gepflegt, bewundernde Blicke fallen auf die Kärtchen mit Firmenlogo und Berufsbezeichnung. Bei manchen Symbolen und Signets von Unternehmen kann man es noch als künstlerische Freiheit durchgehen lassen – die textliche Fantasie bei der Beschreibung der Tätigkeit muss einer bisher unbekannten Droge zu verdanken sein. Und wir reden hier nicht von den Klassikern wie *Facility Manager*, vormals bekannt als Hausmeister oder dem *Nourishment Production Engineer*, der einst als Küchenhilfe eingestellt wurde.

Nein, inzwischen sind wir so weit, dass selbst aus Fragmenten der künstlichen Berufsbezeichnungen nicht mehr erkennbar ist, worum es eigentlich geht. Besonders intensiv zugeschlagen hat diese unbekannte Droge in Hamburg. Sie ließ in der Personalabteilung ein Stellenangebot entstehen, das nach unseren Recherchen bislang unübertroffen ist – und zwar sowohl in Wortwahl als auch Dreistigkeit. Gesucht wurde ein »Operations-Champion« als Mitglied des *Operations-Teams*. Der solle auch »sofort Verantwortung übernehmen« und die Fahrer des Unternehmens »erfolgreich delegieren«. Mit anderen Worten: Der Laden brauchte einen Disponenten, der schon alles kann, keine Fehler macht und – jetzt kommt der dreiste Teil – fast nichts kostet. Denn als Operations-Champion wünsche man sich »Praktikanten und Werksstudenten«, stand in der Anzeige.

Ob sich ein Champion jemals auf eine miesere Position eingelassen hat? Zwischen den Zeilen ist die Antwort zu finden: Wer freundlich, offen und verantwortungsbewusst sei, so die geizig-anspruchsvolle Transportfirma, dem stehe »auf dem Pfad zur *Operational Excellence* nichts im Wege«. Und wenn diese Stellenanzeige ein Ausweis der Exzellenz dieses Ausbeuterladens sein soll, dann hat sich bei der Firma hoffentlich kein einziger Bewerber gemeldet.

Falls Sie häufiger in Hotels übernachten, werden Sie dort vermutlich zwar keinen Champion finden – außer, der Fahrdienst wird von einer bestimmten Hamburger Firma organisiert –, aber Ihnen werden Meister begegnen. Den Klassiker treffen Sie gleich am Eingang, denn der »Wagenmeister« fährt die Limousinen der hochgeschätzten Gäste in die Hausgarage. So weit, so traditionell. Wenige Schritte weiter steht jedoch schon der nächste Meister. Und den möchte man in diesen Zeiten nicht mehr als Portier bezeichnet wissen. Ihren Zimmerschlüssel erhalten Sie nun vom »Master of Welcome«. Ob der Liftboy inzwischen zum »Master of Elevator« geworden ist, wissen wir nicht – es würde uns jedoch nicht wundern. Sicher ist aber, dass Ihr Zimmer auf keinen Fall von einer Putzfrau gereinigt wird. Der Staubsauger wird nämlich inzwischen von der »Fachkraft für Bodenhygiene« pilotiert.

Als fleißiger Besucher von Freiluft-Konzerten sind Sie vermutlich schon auf die neue Generation von Ordnern gestoßen und hoffentlich nicht mit ihnen zusammen. Kleider machen Leute oder – um ein Sprichwort aus der französischen Übersee-Region zu zitieren: »Gib ihnen eine Uniform, und sie sind stolz.« Und wirklich finden Sie zum Beispiel auf der Insel Saint Martin kaum einen Bediensteten, der nicht irgendeine Fantasie-Uniform trägt, wenn er Hoteltüren öffnet, Autos vermietet oder Parkplätze bewacht.

Der Grund ist wenig schmeichelhaft: Die indigene Bevölkerung wird von einigen weißen Chefs dort behandelt wie zu Zeiten der Kolonialherren. Das Prinzip, dem Träger einer willkürlich gestalteten Uniform ein gesteigertes Selbstwertgefühl zum Überziehen zu geben, funktioniert auch hierzulande. Jetzt fehlt nur noch das passende Vokabular. Ordner? Na ja, das gibt es vielleicht noch im Karneval, da heißen die Wagenengel. Aber wer auf einem Event seinen Dienst verrichtet, der trägt auf seiner Jacke mit bedeutungslosen Schulterklappen mindestens die Aufschrift *Security*. Und am Gürtel, gut sichtbar befestigt, baumelt das, was einst als Schlagstock oder Gummiknüppel bezeichnet wurde. Das geht natürlich gar nicht in der heutigen Zeit, deshalb heißt das Ding jetzt *Enforcer*. Das tut wenigstens im Ohr nicht so weh. Wenn Sie nun also auf einen dieser verbal aufgerüsteten Ex-Ordner treffen und ihm das nicht passt, dann schickt er Sie hinter die Absperrung oder den Zaun. Genauer gesagt, er wird Sie auffordern, hinter die »Eventtechnik« zurückzugehen.

Vorstandsrede

Ob es eine kleine mittelständische Firma, ein Großunter-
nehmen oder ein weltweit agierender Konzern ist, um eines
kommen die Mitarbeiter kaum herum: Der Vorstand hält
eine Rede. Schon lange vor dem Termin ist der Drohbrief
in Form einer Mail eingetroffen: »Save the date!« befiehlt
die Chefsekretärin schon im Betreff. Das hieß früher mal
Terminerinnerung, funktioniert aber noch besser wie einst
Erpresserbriefe, deren Buchstaben aus der Zeitung ausge-
schnitten wurden. Anhand des Verteilers können Sie nämlich sofort erkennen, dass der Befehl aus der Chefetage an
alle Mitarbeiter ausgegeben wurde. Eine Art Massengeisel-
nahme mit Schnittchen und Kaltgetränken.

Wenn Sie Pech haben, wurde der Alleinunterhalter mit
dem tragbaren Hammondorgel-Imitat gebucht, mehr gibt
das Budget nicht her, denn Ihr Laden ist wohl nicht börsen-
notiert. Sind Aktionäre im Saal, dürfen Sie immerhin auf ein
Schlagersternchen hoffen, das die Karriere als *Weinkönigin*
zugunsten einer Weltkarriere aufgab. Wie dem auch sei,
das ist nur das Vorprogramm. Denn nun kommt die Veranstaltung zum Höhepunkt: Auftritt Vorstandsvorsitzender.
Während Sie sich an Ihrem Glas stabil fixiert haben, holt
er zum Jahresrückblick aus. Das kann sich ziehen. Bilanz-
zahlen werden referiert, neue Kunden hofiert und natürlich
das Unternehmen positioniert. Und es wurde investiert. Allerdings wohl nicht immer da, wo es nötig gewesen wäre. So-
eben rühmt sich nämlich Ihr – in der Presse gerne als *Indus-*

triekapitän gelobhudelter – Chef, die Firma sei ein »blühender Eckpfeiler für die regionale Wirtschaft«. Da kommt Seegang auf. Ist denn allen Kollegen die Blumenpracht an den Betonsäulen der Tiefgarage entgangen? Oder hat etwa diese sündhaft teure Unternehmensberatung versagt? Hat er denn keine Redenschreiber?

Und während Sie noch in Gedanken mit blühenden Eckpfeilern befasst sind, serviert Ihr Chef bereits den nächsten Knüller: Die »Wirkfunktion der Werbung« habe zu diesem positiven Erfolg geführt. Donnerwetter! Darauf noch einen Perlwein. Einen Redenschreiber hatte die Unternehmensberatung wohl nicht im Angebot, dafür aber einen begabten Schaumschläger. Auf den *FilmFilm* von der *Wirkungswirkung* muss man erst mal kommen. Und das gepaart mit einem *erfolgreichen Erfolg*: Respekt! Ob das wohl wie eine doppelte Verneinung gemeint ist? Dann wäre ja ein negativer Misserfolg etwas Gutes und ein positiver Erfolg dann – die Pleite? In diesem Moment könnten bei Ihnen Zweifel aufkommen, ob die Eckpfeiler noch lange blühen werden. Wenn da nicht die Beteuerung des Vorstandsvorsitzenden wäre, vorgetragen im Brustton der Überzeugung: »Wir haben uns stets an geltendes Gesetz gehalten.« Nur die *Weinkönigin* in Ihnen fragt, was wohl wäre, hätte man sich nicht an geltende Gesetze gehalten, sondern nur die ungültigen Regeln befolgt. Sie dürfen also entspannt sein. Bis zur nächsten Mail mit dem Betreff »Save the date!«.

Schwarze Nullen

Politiker von CDU und CSU haben es manchmal wirklich nicht leicht. Und wenn aus ihren Reihen dann auch noch ein Finanzminister eine Phrase permanent wiederholt, dann kann man schon mal Mitleid kriegen. »Die schwarze Null steht«, tönt es auf allen Kanälen. Wen mag es da wundern, wenn spitzzüngige Vertreter der Opposition antworten: »Ja, um dich herum stehen sogar ganz viele!« Eine denkbare Replik auf diesen verschlissenen Scherz wäre die Frage danach, ob die Null denn wirklich schwarz ist – oder vielleicht doch eher rot. Dass sich das Bild der schwarzen Zahlen als Plus und der roten Zahlen als Minus festgesetzt hat, ist unbestritten. Aber wozu zählt die Null? Null ist rechnerisch nichts. Kein Guthaben, kein Verlust. Oder, wie der Buchhalter sagen würde: Die Bilanz ist ausgeglichen.

Sollte dieser Fachmann der älteren Generation angehören, dann muss er sich neuerdings erstens im Internet als »Silver-Surfer« bezeichnen lassen und zweitens sich daran erinnern, dass einstmals sehr wohl eine schwarze oder rote Null in der Bilanz stehen konnte. Die Farbe zeigte die Tendenz an: Schwarz signalisierte positive Erwartungen, rot das Gegenteil. Wenn Ihnen also mal zur Abwechslung ein Finanzminister, der der SPD angehört, sagt, die *schwarze Null* stehe, dann könnten – könnten! – Sie ihn fragen, ob es sich dabei nicht in Wirklichkeit um eine rote Null handle. Ob er den Seitenhieb versteht, dafür übernehmen wir jedoch keine Gewähr.

Es wäre leider zu einfach, wenn sich die Bedeutung von Farben gerade in der Sprache mal eben so sortieren ließe. Denn was dem einen seine schicke und positive schwarze Null in der Bilanz, ist dem anderen ein klarer Hinweis auf Böses – und zwar auch in der Bilanz. Die zieht dann aber beispielsweise der Bund der Steuerzahler, veröffentlicht ein *Schwarzbuch* und listet darin Fälle auf, die als Verschwendung öffentlichen Geldes angesehen werden. Und weil der Vereinsname suggeriert, hier seien alle Interessen derer vertreten, die hierzulande Steuern zahlen, sind auch die Kritiker gleich zur Stelle: Ihnen geht die Bezeichnung zu weit, weil natürlich nicht alle Steuerzahler Mitglied in dem Bund sind – es aber eindeutig so klingt.

Wie es besser formuliert wäre, könnten die Kritiker ja mal in einem – Sie ahnen es – *Weißbuch* zusammentragen. Und weil die ganzen Beispiele dort positiv sind, müssen wir sicher nicht lange warten, bis die Kritiker der Kritiker mit einem Schwarzbuch das Weißbuch anzweifeln. Von dieser Form der öffentlichen Debatte lebt übrigens eine ganze Konferenz- und Redner-Branche sehr einträglich.

Wenn Sie nun glauben, es sei doch alles im grünen Bereich, dann sind Ihnen möglicherweise die jüngsten verbalen Ergüsse der Marketing-Agenturen entgangen. Stand *Grün* über Jahrzehnte als Symbol für Umwelt und Natur – eine ganze Partei machte sich die Farbe sogar zum Namen – gab es in der Welt der Werbung ein Problem: Die Farbe Grün war alle, leer, ausgelutscht. Fast jedes Bio-Siegel, Öko-Logo und Natur-Zertifikat hatte sich reichlich aus der Palette der Grüntöne bedient, damit war also nichts mehr zu reißen. Deshalb musste eine neue Farbe her. Und was passiert, wenn man die vielen grünen Algen aus dem Wasser filtert und die Sonne scheint? Das Wasser scheint blau. Also machte sich in der Automobilindustrie fortan die *blaue Technik* breit, die als BlueTec natürlich noch ein paar Tausend Euro teurer klingt.

Inzwischen hat sich aber auch die Lichtleiter-Branche diese Farbe unter den Nagel gerissen, und die arme Kühltechnik-Industrie rätselt vermutlich, wie sie ihr angestammtes kaltes Blau jetzt wieder zurückbekommt.

Business-Class

So, erst mal die Jacke in die Ecke, Schuhe ausziehen und Füße hochlegen. Auf jeden Fall aber noch eben zu Hause anrufen, es ist nämlich alles super gelaufen bei der Chiropraktikerin in München. Jetzt nur noch drei Termine klarmachen, so kurz vor den Feiertagen – und alles ist wieder in bester Ordnung. Einmal bitte ganz spät, wegen der langen Anreise aus Berlin, und dann bitte noch zweimal um die Mittagszeit, die Rückfahrt passt dann besser dahinter.

Nein, kein Bild von zu Hause beim Herumgammeln. So geschehen im ICE 557 nach Berlin. Ein einzelner Herr am Vierertisch gegenüber. Lässiger Businesstyp, Freisprechknopf im Ohr und ganz mit sich – und ohne uns übrige Passagiere. So geht's zu in der ersten Klasse. Nein nein, nicht immer. Verallgemeinerungen sind generell Mist, würde der schuhlose Rückwärtsfahrer gegenüber wohl sagen, immerhin hat er bisher alle Telefonate mit solchen Weisheiten gespickt. Wenn er gerade nicht telefoniert, schaut er auf seinen Computer und seufzt, murmelt oder schmatzt.

Schon wieder ein Anruf bei dem Wichtigschwätzer. Mit einem Wisch nimmt er das Gespräch an, und jeder im Großraumabteil kennt jetzt den Namen von Platz 74, der morgen hörbar Großes vorhat. Da wird nämlich der *Rollout* des neuen Arbeitsplatzes sein, lernen wir, das habe er ja mit dem IT-Menschen alles durchgeplant. Und außerdem sei er ja schon lange einer, dem das Tablet völlig ausreiche, er brauche gar nichts anderes mehr, während er vor dem verkratzten Deckel seines dicken alten Laptops sitzt.

Kaum ein Ort ist ergiebiger, wenn man auf der Suche nach verbalen Ego-Shootern ist, die die Reisenden in der zweiten Klasse allenfalls für primitive Landeklatscher halten. Grundsätzlich brauchen sie alles *As soon as possible*. *Asap* müssen die *Charts* für den *Pitch* raus, sonst ist die *Deadline* durch, und die *Company* ist *off*. Und auch wenn die Frist noch nicht abgelaufen ist, muss offenbar permanent Druck erzeugt werden. Dabei achtet das Alpha-Chefchen selbstverständlich darauf, dass sein Team auf Linie bleibt. Nicht, dass da noch eine Idee beim *Brainstorming* herauskommt, die einem nicht am Ende selbst zugeschrieben wird. Deshalb muss zunächst mehrmals betont werden, wie ergebnisoffen der Prozess ist: »Da lasse ich euch ganz freie Hand, es gibt keine Leitplanken, das ist doch eine tolle Herausforderung!« Dann kommt der Moment, wo die Führungskraft aber doch das Beinchen am neuen Projekt hebt: »Also wenn ich jetzt mal laut denken würde, dann sollten wir auf jeden Fall…« – und schon ist das Revier eindeutig markiert.

Die Kleiderordnung lässt übrigens keine Rückschlüsse auf die Hierarchie innerhalb der Business-Class zu. Nur weil der Anzug gut sitzt, stammen die Falten nicht unbedingt vom edlen Ledersessel. Eindeutig aber kann man die Position auf der *Payroll* hören. Sprache kann so verräterisch sein.

Billig

»Wat nix koss, dat es nix«, steht im Kölner Grundgesetz – was so viel bedeutet wie »was nichts kostet, das ist auch nichts«. Würde diese Weisheit stimmen, dann wäre der Begriff »Schnäppchenjäger« wohl nie erfunden worden. Und so folgt der innere Sparfuchs der Fährte, die geschickt und wortreich gelegt wurde. Zum Beispiel vom Autohändler, der als selbsternannter »Service-Partner« versucht, sich an die Kundschaft ranzuwanzen. Ein Lebensmittel-Großhandel möchte unser »Partner für Erfolg« sein, als »Partner für Wohnen mit Stil« versucht es ein Möbelgeschäft, und ein Krankenhaus wirbt allen Ernstes mit »Wir sind Ihr Partner«. Diese Polygamie könnte Stadthallen füllen, zählten wir noch alle Banken an unserer Seite dazu und die Versicherungen, die sich als unsere ständigen Begleiter wähnen.

Natürlich hat hier niemand irgendwelche Schnäppchen im Angebot, aber die vorgetäuschte Nähe ist schon beeindruckend. Dumm nur, dass so viele mit der gleichen Masche stricken. Und solche Werbekampagnen sind nicht preiswert. Aber oft billig. Ist ja so ähnlich wie beim missglückten Klamottenkauf im Outlet-Center: War mal teuer, ist jetzt preisgünstig und bei näherer Betrachtung sogar billig, jedenfalls optisch.

Im Buchhandel gibt es eine hemmungslos ehrliche Bezeichnung für Werke, die sich einfach nicht verkaufen lassen: Die Bücher werden *verramscht*. So ein Wort käme einem Modeschöpfer natürlich niemals über die Lippen, deshalb schöpft er eben lieber im Outlet weiter, wenn es vorher schon keiner kaufen wollte. Oder im Homeshopping-Kanal, der sich aus nachvollziehbaren Gründen nicht *Drückerkolonnen-TV* oder *Billig-Live* nennen mag.

Der Fairness halber sollte aber auch erwähnt werden, dass nicht alles, was preiswert ist, automatisch auch das Etikett »billig« verdient hat. Viele *Billigfluggesellschaften* haben wesentlich neuere Maschinen im Einsatz als alteingesessene Airlines. Das ist zwar kein wesentliches Kriterium für Sicherheit, denn viel wichtiger ist die Wartung. Aber doch ist auffällig, dass bei Flugzeugunfällen gern als Erstes darauf hingewiesen wird, es habe sich ja schließlich um einen »Billigflieger« gehandelt.

Und so wirklich billig ist der Flieger ja nun auch nicht, wenn Kerosinzuschlag, Kreditkartengebühr sowie Servicepauschale für den Pauschalservice draufgerechnet sind auf den kleinen Supersparpreis mit dem Sternchen für das Kleingedruckte. Dieses Kleingedruckte ist übrigens das, was in der Fernsehwerbung unten mikroskopisch klein eingeblendet wird – und wofür Ihnen im günstigsten Fall 1,5 Sekunden Zeit zum Lesen bleibt. Also etwa so günstig, dass es schon wieder billig ist.

Chance

Es gibt ein einziges Land auf der Welt, in dem Glück als oberstes Staatsziel definiert ist. In Bhutan in Südasien steht in der Verfassung sinngemäß festgeschrieben, den Bürgern sollten alle Chancen gegeben werden, nach dem »Bruttoinlandsglück« zu streben. Die Anspielung auf das »Bruttoinlandsprodukt« geschieht absichtlich und soll markieren, dass das Glück vor dem wirtschaftlichen Erfolg zu rangieren hat. Mit Blick auf diesen buddhistischen Ansatz macht es besonders großen Spaß, den Umgang mit dem Begriff »Chance« in unserem Kulturkreis zu betrachten. Denn dann zeigt sich der Unterschied deutlicher, wie zum Beispiel bei der Chancengleichheit. Die wird fast immer angeführt, wenn es um wirtschaftliche Ziele geht.

Von Chance im Zusammenhang mit Glück ist nur selten die Rede. »Das Mordopfer hatte keine Chance«, steht in zahllosen Artikeln aus dem Blaulicht-Ressort zu lesen. Wirklich? Stimmt das? »Ihre Vorschläge haben keine Chance«, sagt der Abteilungsleiter. Ist das so? Tatsächlich?

Nein, jetzt kommen keine Wunder oder Verschwörungen – aber die Frage: Warum wird auf trickreiche Weise so getan, als seien sämtliche Möglichkeiten ausgeschlossen? Als sei es nicht denkbar, dass der Abzug eines Revolvers blockiert, ein Chef etwas falsch einschätzt oder er nur einen Untergebenen klein halten will, um selbst mit der Idee beim Vorstand zu glänzen. Je nach Zusammenhang kann die Formulierung »keine Chance« also von einer gedankenlosen Fehleinschätzung bis hin zu einer listigen Machtdemonstration reichen.

In der Schublade der besonders schmutzigen Sprachtricks liegt der Begriff Chance übrigens auch – und zwar abschussbereit als verbale Blendgranate. Diese Wortwaffe darf zum Beispiel in windigen Stellenanzeigen nicht fehlen, die fünfstellige Summen verspricht für einen kleinen Nebenjob. »Nutzen Sie Ihre Chance«, verkündet die Überschrift in fetten Lettern. Die Blendgranate ist also eingeschlagen. Vorher stand da nämlich: »Sind Sie dumm genug, so ein Risiko einzugehen?«, aber wer möchte schon gern von Risiken lesen oder sie gleich erkennen, wenn eine blendende Chance alles überstrahlt.

Aber weg von der negativen Betrachtung, denn natürlich gibt es auch ehrliche Menschen, die Sprache nicht als Instrument benutzen, sondern damit virtuos spielen und keine böse Absicht verfolgen – am Spielfeldrand zum Beispiel. Wenn der Fußballreporter mit hochrotem Kopf die »Riiieeesenchance« ins Mikrofon dröhnt und dann Millisekunden später »verpasst« anfügt, weil das Leder nicht in den gegnerischen Maschen, sondern am Gebälk gelandet ist. Diese eigene Sportsprache wird an anderer Stelle noch näher betrachtet und bekommt dort selbstverständlich ihre ganz eigene Chance.

Bitte bleiben Sie gesund

»Bitte bleiben Sie gesund!« – na, aber gerne doch. Keine Beschwerden, keine Arztbesuche und keine Medikamente. Ihre Krankenkasse wird Sie als »Idealfall« in der Statistik markieren. Als Nicht-Patient kann einem doch nichts Besseres passieren – aber aus Sicht des Apothekers droht hier der Ruin! Keine Kundschaft mehr, niemand mehr krank, Zahl der Rezepte: null.

Warum also werben ausgerechnet die Apotheken mit dem Slogan »Bitte bleiben Sie gesund«? Wollen die nichts mehr verkaufen? Möchten die sich am liebsten auflösen? Oder hat da einfach niemand bemerkt, wie heuchlerisch diese Werbung eigentlich ist? Würden wir alle dieser schmachtenden Aufforderung nachkommen können – die Apotheken wären schlicht pleite! Und was da so fürsorglich rüberkommt, wäre ohnehin nur einigermaßen logisch, selbst, wenn wir lediglich aufgefordert würden: »Bitte werden Sie gesund!« – denn wenigstens würden wir dann überhaupt eine Leistung der Apotheke in Anspruch nehmen. Der Spruch funktioniert dennoch, in Verbindung mit einem weiß-bekittelten Laiendarsteller und dem Wissen darum, dass solche Figuren – statistisch gesehen – mehr Glaubwürdigkeit beim Publikum genießen als Journalisten, die über solche Widersprüche berichten.

»Leistung aus Leidenschaft« macht auch seit Jahren die Runde. Ach, das klingt doch so pathetisch, so selbstlos, so kundenfreundlich. Was diese deutsche Bank, die sich davon nur durch einen Großbuchstaben unterscheidet, wirklich damit sagen will? Die Spekulation darüber ist spannend: Dieser Werbeslogan benennt eben nicht, für wen diese »Leistung« erbracht wird – und das auch noch mit Leidenschaft. Der potenzielle Kunde mag das beim Lesen der Werbeanzeige auf sich beziehen, aber könnte diese leidenschaftliche Leistung nicht ebenso auf das Wohl des Gesamtunternehmens bezogen sein? Leistung aus Profitgier, damit die Rendite erreicht wird? Also wegen der Aktionäre, nicht wegen der Kunden. Aus dem Slogan »Leistung aus Leidenschaft« kann man alles herauslesen – in positiver und auch negativer Richtung. Eines aber ist eindeutig: Der Spruch ist Werbung, und deshalb sollten Sie Ihr Bündel Euro-Scheine besser ein wenig fester in Händen halten.

Blicken Sie auch sehr genau hin, wenn Ihr Bankberater wieder einmal mit einer Sensation winkt, die als Geheimtipp in Insiderkreisen kursiert. Wenn das so eine grandiose Geldanlage wäre, dann würde Ihnen das niemand verraten. Der Bankberater selbst wäre doch wohl der erste Kunde. Aber – Überraschung – das würde er ja niemals tun.

Sport

Der Fußball hat in Deutschland alles unter Kontrolle – außer sich selbst. Kein Gebiet in unserer Sprache treibt solche Blüten und malt abstraktere Bilder – und mit dieser Feststellung halten wir den Ball schon ganz flach. Den ersten Beweis für diese These fanden wir in einem Interview mit einem Fernseh-Sportreporter, der auf die erste Frage – und es spielt nicht einmal eine Rolle, wie sie lautete – antwortete: »Das ist individuell sehr verschieden.«

Die meisten Begriffe aus dem Fußball sind ohnehin längst als Universalfloskeln in den täglichen Sprachgebrauch aufgenommen worden. Das sorgt gelegentlich für Heiterkeit auf den Rängen, denn welches Bild entsteht da, wenn dem stark übergewichtigen Manager mit Gehstock und Silberknauf vorgehalten wird, er habe ein Eigentor geschossen? Man hätte ihn vielleicht noch im Abseits vermutet oder auf der Ersatzbank. Auch die Zahl derer, die sich im Fachhandel für Schiedsrichterzubehör reichlich eingedeckt haben, scheint weiter zu steigen. Was täglich außerhalb von Fußballplätzen an gelben und roten Karten gezeigt wird, ließe darauf rückschließen, dass es in Deutschland knapp 80 Millionen Bundestrainer gibt. Und dass die Größe von Fußballfeldern zur Standard-Maßeinheit wurde, hat das Saarland bis heute nicht verkraftet. Immerhin passen gemäß FIFA-Norm fast 360 000 Rasenplätze in das Bundesland.

Was dem einen sein Standardbild, um Größenverhältnisse darzustellen, ist dem anderen die moderne Wortmalerei. Wobei man nicht so ganz festlegen kann, in welche künstlerische Epoche es einzuordnen ist, wenn ein Fachmagazin für Rasenballsport über einen verletzten Spieler sprachpinselt: »Seine Achillesferse ist die Schulter.« Ist das noch Barock oder eher eine frühe Form des Biedermeier?

Auf den folgenden Seiten möchten wir Sie mitnehmen zu den Schauplätzen des Sports – und auch nicht nur an den Spielfeldrand. Denn das sprachliche Spektakel beginnt lange vor dem Anpfiff: Pressekonferenzen werden gegeben, auf denen Trainer mit ernster Miene kundtun, die Mannschaft wolle gewinnen. Wer hätte das gedacht? Und dass alle Spieler motiviert, ja gar hochmotiviert seien. Bei siebenstelligen Jahresgehältern sollte auch das nicht verwundern – steht aber am nächsten Tag als wichtigste Botschaft in der Zeitung. Dann das Spiel selbst und seine Halbzeitpause mit messerscharfen Analysen in hochauflösender Zeitlupe. Wer da besser wo gestanden hätte, wird rasch noch mit dem digitalen Stift im Bild eingekringelt. Dumm nur: Es stand eben niemand dort, wo er hätte stehen sollen – also kein überragender Erkenntnisgewinn, aber die 15 Minuten Pause sind wortreich gefüllt.

Und die viel zitierten Interviews mit den Spielern direkt nach dem Abpfiff? Die Sportler würden nach 90 Minuten sicher lieber ein Sauerstoffzelt beziehen, tatsächlich aber werden ihnen Mikrofone unter die Nase gehalten. Wie es denn gewesen sei und warum es nicht geklappt habe, will der frisch geföhnte, ausgeruhte Reporter wissen. Der gut vorbereitete Spieler greift nun in den Werkzeugkasten und holt das Zauberwort heraus: Leistungsvermögen. Das sagt nichts Konkretes aus, passt aber sowohl bei Sieg als auch bei Niederlage und natürlich auch bei Unentschieden. Lediglich kleine Änderungen im Satz sind nötig, um jeder Situation gerecht zu werden: »Wir haben unser Leistungsvermögen heute vollständig abgerufen«, keucht der Profi nach dem Sieg. Lief es weniger gut, wird einfach nur ein »nicht« eingefügt. Praktisch, oder?

Olympia

Endlich ist wieder Olympiade. Das treibt die Einschaltquoten in die Höhe, Zuschauer versammeln sich auf so genannten »Fan-Meilen«, die Werbewirtschaft frohlockt. Hat ja auch eine Stange Geld gekostet, die Fernsehsender haben Millionen für die Übertragungsrechte bezahlt. Und endlich hat es geklappt: Deutschland ist Fußball-Weltmeister! Gut, dass die Aufmerksamkeit da nicht von Olympischen Spielen abgelenkt wurde.

Seien Sie unbesorgt, im oben stehenden Absatz ist nichts durcheinandergeraten. Die Fußball-Weltmeisterschaft hat tatsächlich während der Olympiade stattgefunden. So wird nämlich laut Definition der Zeitraum zwischen den Olympischen Spielen genannt. Und um es noch etwas unübersichtlicher zu machen: Das gilt für die Sommerspiele, für die Winterspiele und auch die entsprechenden Paralympischen Spiele. Es ist also streng genommen ständig Olympiade.

Einige Mitglieder des Internationalen Olympischen Komitees haben angeblich übrigens mehr Freude an dieser Olympiade als an den Olympischen Spielen an sich. Denn besonders die Zeit zwischen den Spielen sei lukrativ, nur da fließe das große Geld. Das behaupten jedenfalls böse Zungen, aber als kritischer Leser wissen Sie natürlich längst: Zungen können gar nichts behaupten, also kann es sich nur um ein Missverständnis handeln.

Obwohl: Auffällig ist, dass das IOC gerade während der

Olympischen Spiele ganz furchtbar klamm ist. Plötzlich hat der milliardenschwere Verband keinen Cent mehr zur Hand und benötigt Hunderte freiwillige Helfer. Die werden mit dem Glücksgefühl des olympischen Gedankens bezahlt, während sie Plätze anweisen und Absperrungen bewachen. Da liegt schon ein Hauch von Nordkorea in der Luft. Nicht wegen der Sperrgitter – sondern wegen »freiwillig«. Wo, außer in Pjöngjang, mag es wohl auch *unfreiwillige Helfer* geben? Vielleicht steckt das IOC ja noch ein paar Euro in seine Übersetzungen und macht aus den *Volunteers* beim nächsten Mal *ehrenamtliche Helfer*.

Dass die umgangssprachliche Verwendung von Begriffen oft auf längere Sicht die Bedeutung verändert, ist übrigens auch bei Olympischen Spielen durchaus nicht ungewöhnlich. Folgt man den Worten der Kommentatoren, nehmen täglich Hunderte *Olympioniken* an den Wettbewerben teil. Quizfrage: Wie viele Olympioniken befinden sich während der Siegerehrung und der Medaillenvergabe auf dem vielzitierten Treppchen? Einer. In der Mitte. Nämlich der Sieger, der auf Altgriechisch *nike* genannt wird. Denken Sie als Eselsbrücke einfach an einen Schuhhersteller.

Der Trainer spricht

Wenn wieder einmal ein wichtiges Spiel ansteht – und welcher Fußballfan würde schon eine Partie als unwichtig betrachten –, gibt es Mechanismen, die noch vor einigen Jahren kaum jemand für möglich gehalten hätte. Immerhin geht es im Rasenballsport um mehr als Ruhm und Ehre, es geht um Summen, oder neuerdings auch um Unsummen. Das wiederum verwundert, denn Unsummen sind ja gar keine Summen, sondern das Gegenteil – und dass sich die Bundesliga zum wohltätigen Verein umdeklariert hätte, wäre uns doch aufgefallen. Jedenfalls haben wir es nicht mehr mit einem handelsüblichen Fußballspiel zu tun, sondern mindestens mit einem Event. Je nach teilnehmenden Mannschaften kann das rasch zu einem Riesen-Event oder sogar Mega-Event mutieren – dann lässt sich das nur noch mit Zusätzen wie »des Jahres« oder »wie noch nie« steigern.

Letztlich aber bleibt es ein Spiel, wenn auch das Drumherum wesentlich mehr Zeit in Anspruch nimmt als die 90 Minuten auf dem Platz. Den Auftakt machen in der Regel die Pressekonferenzen der Vereine, hochrangig besetzt mit Trainer, Kapitän und Pressesprecher. Letzterer ist in solchen Veranstaltungen aber eher der Stichwortgeber – und die Instanz, die das Wort erteilt. Und da macht es schon einen eindrucksvollen Unterschied, ob der den Reporter mit vollem Namen nennt, um ihm die Gelegenheit zu geben, seine Frage zu stellen, oder ob nur vom Herrn aus der vierten Reihe außen links die Rede ist.

Verblüffend ist, dass es streng genommen gar keinen Unterschied macht, welche Fragen gestellt werden. Die Herrschaften auf dem Podium sind vorbereitet, auch auf Versuche kritischer Journalisten. Und wenn eine Frage nicht im Interesse des Vereins ist, kommt der große Floskelkasten zum Einsatz. Wichtigstes Werkzeug darin ist die Heißluftformulierung. Besonders gern genommen wird die wortreiche Darstellung der *mentalen Verfassung* in der Mannschaft. Bis in die Haarspitzen motiviert seien die Spieler, sie wollten unbedingt gewinnen und würden ihr Leistungsvermögen vollständig abrufen. Übrigens bekommen Sie das auf beiden Pressekonferenzen zu hören – Gastgeber und Gegner sind sich da auffallend einig.

Zufall ist das übrigens nicht, sondern das Ergebnis von intensiven Medien-Coachings. Nicht nur Politiker lassen sich trainieren von Rhetorik-Profis, damit sie vielsagend nichts mitteilen. Diese Formulierungs-Nachhilfe hat inzwischen auch im Fußball viele Schüler gefunden. Das Ergebnis ist hörbar, kann sich aber nicht immer hören lassen, denn erstens stellt sich die Frage, was der Trainer denn anderes sagen soll, als die eigene Mannschaft über den grünen Klee zu loben. Und zweitens: Zweifel müssen verschwiegen werden, deshalb sind Nebelkerzen im Einsatz. Was würden Sie antworten, wenn ein Reporter wissen möchte, ob Sie Ihr Ziel erreichen können? Fänden Sie es nicht auch bequem, mit sprachlichem Leergut zu antworten und vollmundig mitzuteilen: »Wir werden die Zweikämpfe annehmen!« Hätte der Trainer gesagt, man werde jeglichen Zweikämpfen davonlaufen, wäre das eine schlagzeilenträchtige Sensation. Und natürlich wird die Mannschaft den Worten des Trainers zufolge »auf dem Platz präsent sein«. Genau betrachtet, bedeutet das auch nicht mehr, als dass alle elf Protagonisten bereit sind, das Spielfeld überhaupt zu betreten.

Gern wird von den anwesenden Journalisten auch nach vergangenen Spielen und möglichen Konsequenzen daraus gefragt. Die einfachste Lösung, eine Antwort darauf zu vermeiden, kennen Sie sicher: »Es ist jetzt an der Zeit, nach vorne zu schauen!« Alles andere sei jetzt *Vergangenheit*, und man werde sich daher auf die bevorstehenden Aufgaben konzentrieren. Das beantwortet natürlich nicht die Frage, aber das will in diesem Fall auch keiner. Nur in besonders schwierigen Fällen lässt sich dem wortgewandten Trainer – und auch dem geschulten Übungsleiter – entlocken, da habe es wohl eine Ergebniskrise gegeben. Das klingt nun auch nicht unbedingt radikal positiv, aber immerhin wurde nicht wörtlich gesagt, man habe haushoch verloren beim Spiel in der vergangenen Woche. Und das alles, obwohl man doch den Zweikampf angenommen habe.

Ein sprachlich versteckter Ehrgeiz schwingt in Traineransprachen oft ganz unbemerkt mit: der Wille zum Sieg bis in die ferne Zukunft hinein. Es darf durchaus als vollmundig bezeichnet werden, wenn den Worten des Übungsleiters zufolge die Mannschaft bei den »Fußball-Weltmeisterschaften gewinnen« wolle. Meint der nun den bevorstehenden Wettbewerb im nächsten Jahr? Wie viele Titel werden denn da vergeben? Einer. Folglich ist es also *eine* Weltmeisterschaft – es sei denn, das Ziel ist wirklich, sämtliche Weltmeisterschaften als Sieger hinter sich zu lassen.

Da haben es die sportlichen Kollegen auf dem Sprungbrett und im Becken schon einfacher, denn bei Schwimm-Weltmeisterschaften treten die Teilnehmer in Disziplinen an – und entsprechend werden auch mehrere Titel verliehen. Es kann sich also lohnen, bei Einzahl und Mehrzahl im Trainergespräch etwas genauer hinzuhören. Manchmal sind meisterhaft getarnte Geheimbotschaften zu entdecken. Was für eine Schlagzeile gäbe das: »Fußball-Nationalmannschaft strebt sämtliche Weltmeistertitel an!« Auch wenn in der Unterzeile steht, die Sportler bereiteten sich lediglich auf das kommende Jahr vor – zur Weltmeisterschaft. Und damit nun direkt auf den Platz des Geschehens.

Anpfiff

Von der Pressetribüne berichtet live unser Fußball-Kommentator Sebastian Pertsch:

Ja, danke, lieber Kollege Udo für die netten Worte! Hier in der Aldi Nord-Olympiahalle sind die Allstars zusammengekommen. Die Spieler in Blau sind die Protagonisten der Bundesregierung: Im Sturm Sigmar Gabriel, im Mittelfeld Frank-Walter Steinmeier, in der Verteidigung steht auf wackeligen Füßen Angela Merkel, und das Tor hält Ursula von der Leyen sauber – nur um die wichtigsten aufzuführen. Zu den Spielern in Grün gehört die ausländische Politprominenz wie Barack Obama, Yanis Varoufakis, Wladimir Putin und Hassan Rohani – der absolute Angstgegner!

Twittern Sie mit uns unter dem Hashtag #BLAGEL. Verpassen Sie das Spiel, lesen Sie millionenfach sinnentleerte

Nachrichten auf dem *Second Screen*. Wir machen jeden Quark mit, Hauptsache, die Quote stimmt. Außerdem blenden wir diesen Hinweis noch 50 Mal während des Spiels ein. Glücklicherweise spielt Nigeria nicht gegen Deutschland, sondern die Pranke des Auslands gegen die Pfeile der Bundesregierung. Heute muss der Rasen brennen! Die Nationalhymne spielt eine der überflüssigsten Soldateneinheiten überhaupt, das Blasorchester der Bundeswehr. Bitte erheben Sie sich! [Leider ist dieses Lied in Deutschland nicht verfügbar, da es Musik enthalten könnte, für die die GEMA die erforderlichen Musikrechte nicht eingeräumt hat, Anm. d. Red.]

Kurz vor dem Spiel versicherten mir noch die Trainer, dass beide Mannschaften heute auf Sieg spielen wollen. Wer hätte das gedacht? Und zack, hier ist er auch schon: Der alte Taktikfuchs Thomas de Maizière bringt den Ball ins Spiel, lässt einen Stürmer auflaufen, der versuchte, ihm den Ball abzunehmen, und spielt das Leder sicherheitshalber wieder zurück. Bis in die Haarspitzen ist Merkel motiviert, heute will die Lichtgestalt keine Gefangenen machen. Pass zum Außenseiter Günther My-English-is-not-the-yellow-from-the-egg Oettinger. Der will es heute wissen. Was, hat er noch nicht verraten. Seinen Gegner Hassan Rohani tastet er erst mal ab, Rohani guckt verdutzt. Oettinger hat den längeren Atem, rennt an ihm vorbei, verhaspelt sich aber auf der 12-spurigen Datenautobahn und kommt keine 3 Meter weit. Ja, das Spiel hat seine eigenen Gesetze.

Trotzdem ein schönes Bild: Die 22 Spieler sind total präsent auf dem Platz und können ihr Leistungsvermögen wie vorprogrammiert abrufen. Schon der erste Wechsel bei den

Blauen! Wolfgang Schäuble geht, er hat es leider nicht geschafft, ins Rollen zu kommen. Er bleibt jetzt auf der Bank sitzen. Für ihn kommt Erika Steinbach. Ihr Mann ist ja Künstler und hat deswegen sogar »Homofreunde«, wie sie letztens sagte, um ihre homophoben Verirrungen zu beschwichtigen. Nun hoffen wir aber nicht, dass sie sich schon wieder verstrauchelt und übers Ziel hinausschießt.

Dem Spiel würde jetzt ein Tor guttun. Nun hat Thomas de Maizière das runde Leder. Sein Bruder Andreas ist ja Banker, hatte einmal Urlaub in Bozen gemacht und dort ausgerechnet die Brieffreundin einer Klassenkameradin von Karoline Müller aus Elberfeld getroffen. Und wer ist Karoline Müller? Halten Sie sich fest: Das ist die verwitwete Schwippschwägerin eines Mannes, an dessen Haus vor zwanzig Jahren mal Erika Steinbach vorbeigefahren ist. Ja, wir haben direkten Zugriff auf die Sat.1 ran- und die NSA-Datenbank und sind für Sie top informiert. Ich habe zwar persönlich überhaupt keine Ahnung, genoss meine Ausbildung bei Béla Réthy und bin eigentlich nur froh, dass mir die zwei eierlosen Affen... oh, Verzeihung, schon wieder rausgerutscht. Ich muss an meiner affektiven Störung arbeiten! Ich meine, ich bin glücklich, dass mir die kompetenten Praktikanten die Infos rüberschieben.

Aber was macht denn die gerade eingewechselte Steinbach da? Die versucht, de Maizière den Ball abzunehmen. Eine böse Blutgrätsche! Der Schiedsrichter zeigt ihr für die unbegründete Attacke auf den eigenen Mann die rote Karte. Steinbach verlässt den Platz wegen eines taktischen Fouls. Die Deutschen stehen in Unterzahl da.

Freistoß für die eigene Mannschaft. Andrea Nahles führt aus, Kopfball von David Cameron, die Pille fliegt zurück und genau auf die nervöse Merkel zu – und die verheddert sich mit solch einer einfachen Annahme. Unfassbar! Der Ball liegt im Toraus, Ecke. Warum zieht sie denn nur so ein wackeliges Nervenkostüm an, wenn es ihr nicht gut zu Gesicht steht? Li … Libidi, Libida … die äh … Abwehrspielerin Merkel guckt immer noch monothematisch aus der Wäsche. Kann Hollande die Ecke verwandeln? Nein, kann er nicht. Aber Dobrindt war zuletzt dran, wieder Ecke.

Oh, Ursula von der Leyen wird draußen mit Eis versorgt. Was ist da los? Verletzt scheint sie jedenfalls nicht zu sein. Nein, sie bekommt einfach nur ein Eis und lässt ihr Ressort unbesetzt. Diese Steilvorlage nutzt Barack Obama aus und zimmert nach dem Eckstoß das Runde in das Eckige. Welch großes Tennis! Der ist jeden Euro wert. Im Fanblock der Grünen herrscht gespenstische Ruhe. Die Fans der internationalen Fleischtöpfe rasten vor Freude aus. Wenn sie doch nur wüssten, dass der Fan von Fanatiker kommt: eine göttlich inspirierte Intoleranz. Steht hier zumindest auf meinem Bierdeckel. Die neutralen Zuschauer applaudieren ausgewogen. Das Tor fiel zu einem psychologisch günstigen Zeitpunkt. Ja, man darf halt den Gegner nie unterschätzen. In Schönheit sterben bringt einfach nichts. Aber das Spiel ist noch längst nicht vorbei, auch das andere Team kocht nur mit Wasser. Hinten werden sie nun dichter stehen, vorne hilft der liebe Gott. Was von der Leyen versaubeutelt hat, müssen Merkel und Gabriel ausbügeln.

Anstoß. Gabriel ist am Zug, passt nach hinten rechts zu

Frank-Walter Steinmeier, der die Bälle lieber verteilt und schnell an Merkel weitergibt, die wiederum vor einer gut gestaffelten Abwehr steht. Mit kompakter Defensive bremst Varoufakis die Offensiv-Power aus, geht dabei aber fair vor, hält Merkel in Schach und lässt die germanische Mutti kaum zur Entfaltung kommen. Nicht du musst laufen, sondern der Ball, liebe Kanzlerin! Nein, nein, nein, so wird das nichts. Welch unterirdisches Torraumspiel! Wieder Varoufakis an Merkel und ... das ist aber eine ganz klare Ecke! Nein, Einwurf, ich meine: Abstoß! Das haben wir aber schon mal besser gesehen, nur nicht von der Merkel.

Bitte nicht erschrecken, mein Foto wird eben eingeblendet, damit Sie morgen wissen, wem Sie auf offener Straße eine paddeln können.

Die Spritzigkeit ist nicht mehr vorhanden, das Spiel plätschert vor sich hin. Im Mittelfeld tänzeln gelangweilt die nominellen Zentrumsspieler Kim Jong-un, Hassan Rohani und Mariano Rajoy und spielen sich gegenseitig die Bälle zu. Wie die Faust aufs Auge sitzt dann allerdings der Pass auf Papst Franziskus, der zuletzt eher durch Eigentore auffiel. Jetzt will er endlich mit Mut punkten. Doch er findet keine Anspielstation und drängt stattdessen den Gegner in die Ecke. Vorbei an Alexander Dobrindt – und Merkel hat wieder nicht aufgepasst, sucht nach gemeinsamen Lösungen, anstatt spontan einen Entschluss in die Tat umzusetzen. Franziskus dringt über Linksaußen in den Strafraum ein, Verteidigungsministrantin von der Leyen macht den Raum eng und versucht dadurch den Gegner aus dem Feld zu schlagen. Ist das das 0 zu 2? Franziskus stolpert im Alleingang über die Torwartin und nagelt den Ball sehenswert mit dem rechten Außenrist ins lange Eck. Schuss und Tor! Wie eine Bahnschranke fällt die von der Leyen. Aber da war – glaube ich – noch eine Hand dazwischen! Nach dem Pfiff des Unparteiischen zum zweiten Tor muss von der Leyen den Ball aus dem Netz fischen. Es kommt zur Rudelbildung. Alle wollen die heilige Hand des Papstes gesehen haben, nur die Deutschen merkeln.

Das lässt der Schiri nicht gelten. Weiter geht's mit einem unerbittlichen Zweikampf zwischen Merkel und Yanis Varoufakis! Doch was macht sie denn da mit dem Ball? Mensch, über außen liegt der Schlüssel! Nun gut, sie will es spielerisch lösen, und wenn das nicht klappt, muss sie halt hinten rauskommen. Im Zentrum liegt jedenfalls nicht ihre Weisheit.

Foul, was für ein böser Tritt von David Cameron. Peter Altmaier wälzt sich auf dem Rasen. Das war dunkelrot! »Die Berlin-Apotheke wünscht gute Besserung!« Aber klar, dass das mal kommen musste. Cameron hat die Pistolen dabei, und er wollte die Kugel verteidigen bis aufs Blut. Der Ball liegt nun gut 15 Meter vor dem gegnerischen Tor. Und, ja, der noch immer humpelnde Altmaier wird den Freistoß ausführen. Fußball ist Kopfsache, und Standardsituationen sind immer gefährlich. Daneben, weit daneben. Altmaier hat offensichtlich kein Zielwasser getrunken. Wie heißt es doch so schön: Der Gefoulte sollte nie selbst schießen! Die Luft ist raus, Altmaier hat mit harten Bandagen gekämpft und verlässt erst mal den Platz. Die Gäste aus dem Ausland stehen in deutlicher Überzahl da, da ja schon Steinbach die rote Karte sehen musste. Aber jetzt erst mal nicht den Kopf in den Sand stecken, sonst nutzt der Gegner das eiskalt aus.

Der Pfiff. Halbzeit. Die ersten 45 Minuten hatten trotz der zwei Tore wenig Glanz. Die Spieler schlendern in die Kabine, und mein Reporter ist unten und versucht am Spielfeldrand ein paar belanglose O-Töne von den Spielern zu bekommen. Keiner da? Oh. Nun gut. Während Sie endlich pinkeln gehen und neues Bier holen können, halten wir die rund 14 anderen Zuschauer auf dem Laufenden, was alles heute in der Welt passiert ist. Wie ich höre, gibt es im Zoo von Castrop-Rauxel neue Igelbabys... [Aus Persönlichkeitsgründen musste die Abschrift dieser LIVE-Sendung gekürzt werden, Anm. d. Red.] Danke für die Nachrichten! Auch wenn wir um diese späte Uhrzeit gar keine Werbung mehr spielen dürften. Wir machen es trotzdem, anstatt die erste Halbzeit sinnvoll auszuwerten. Bis gleich, wir sind rechtzeitig wieder da. [Aus lizenzrechtlichen Gründen ist die Abschrift im Buch leider nicht verfügbar, Anm. d. Red.]

Weiter geht's. In der Kabine haben sich die Mannschaften geschworen, alles rauszuhauen und reinzuwerfen. Bleibt für die Bundesregierung zu hoffen, dass die Kabinenpredigt saß. Für Schönspielen gibt es heute nämlich keine Punkte! Vor allem die Tagesform ist entscheidend, und wenn sie eine Schippe drauflegen, können sie sich immerhin über die Zeit retten. Aber dazu müssen mindestens zwei Tore her. Kann das Spiel noch zu unseren Gunsten kippen? Die Viererkette der Deutschen muss natürlich kompakter stehen, sonst ist die Abwehr so offen wie ein Scheunentor. Die 21 Spieler sind gerade vollständig auf dem Platz erschienen, ihre Schlüsselspieler werden jetzt alles geben. Altmaier spielt zwar den sterbenden Schwan, ist aber ebenfalls wieder am Start. Totgesagte leben länger! Sie haben alle vorab Kompetenz bewiesen, nun geht es ans Eingemachte. Der Referee pfeift zur zweiten Halbzeit an.

Im Rücken der Kette ergeben sich Räume, doch hier stehen mit Altmaier und Merkel die Schwergewichte – wie auch immer sie das im Leistungssport schaffen. Um endlich einen Gegentreffer zu erzielen, müssen sie sich mal lösen und mehr Räume anbieten. Das Spiel ist sehr auf Reaktion ausgelegt. Aber nicht zu sehr, wenn wir uns François Hollande so anschauen, der weder die volle Entschlossenheit hat, noch vom großen Kampfgeist beseelt ist. Hollande hält nicht nur den Ball, sondern auch das lahme Spiel flach. Flach spielen und hoch gewinnen, das kann ins Abseits geraten! Seine Chancenauswertung ist genauso katastrophal wie die von Varoufakis und Putin. Dabei hätten sie viele Möglichkeiten, gemeinsam füreinander einzustehen und nach vorne zu blicken.

Fehlpass von Hollande zu Andrea Nahles. Und die, ganz offensichtlich in einer Sturm- und Drangphase, wurschtelt sich irgendwie durch zwei Gegner: Jean-Claude Juncker und Mariano Rajoy werden links liegen gelassen. Und auch der dritte Gegner Kim Jong-un wird demontiert. Pass zu Alexander Dobrindt. Nie im Leben war das Abseits. Ein ganz enges Höschen! Das Tor hätte zählen müssen. Warten wir die Wiederholung ab. Da ist sie auch schon. Gut, hier ist das ganz klar zu sehen: Das ist ein Abseits, ich kann die Pfiffe überhaupt nicht nachvollziehen. Es ist halt die große Zeh-Problematik.

Wann kann die Bundesregierung den Sack endlich zumachen? Vielleicht mit diesem nächsten Angriff. Der akribische Arbeiter Gabriel kämpft sich vor und versucht es, und da ist es! Nein, da ist es nicht. Daneben. Der Grund, dass er kein Tor machte, ist, dass er nicht getroffen hat. Mit Sand im Getriebe kann man kein Tor abstauben. Abstoß.

Aber wer sitzt denn da auf der Tribüne? Ist das denn die Möglichkeit? Jogi Gauck, unser Bundespräsident hat den Einzug ins Finale verpasst. Wie ich gerade höre, kam er zu spät zum Turnier. Ein klassischer Turnbeutelvergesser. Die Kamera schwenkt weiter über die Tribüne, wie Sie sehen. Keine Ahnung, noch nie gesehen. Auch nicht. Nein. Das könnte, nein, doch nicht. Auf jeden Fall erstklassige Promis von der Sorte »Sie können nichts und davon noch nicht einmal die Hälfte« – aber bei *YouTube* looft's.

Anpfiff. Doch der Ball bewegt sich kein Stück. Die Blauen gestikulieren wild, Merkel fordert Tsipras auf, den Ball endlich zu spielen. Varoufakis ist empört, zeigt den Finger und brüllt von Erpressung, Merkel müsse endlich den ersten Schritt machen. Merkel wirft das Handtuch – das nun neben dem Ball liegt. Jetzt ist der Schiedsrichter gefragt. Der sucht die Kommunikation und die Spieler auf Augenhöhe. Gefunden! Der Wandervogel Tsipras spielt den ersten Pass, Kim Jong-un bleibt am Ball.

Die Blauen liegen weit zurück, haben sie noch ein Ass im Ärmel? Ja, wer macht sich denn da am Spielfeldrand warm? Der Edeljoker Steffen Seibert, seines Zeichens Regierungssprecher. Wir erinnern uns an den unwiderruflichen Königstransfer vom krisengebeutelten Journalismus zur PR, ich meine Werbung, also Öffentlichkeitsarbeit. Seibert hat schon jedes Drama gekippt und sich als Branchenprimus an jeden Strohhalm geklammert, als wenn es noch Hoffnung gäbe. Vielleicht kann der Publikumsliebling diesmal seine Negativserie beenden und das Spiel der Königsklasse doch noch drehen? Seibert agiert aus einer soliden Abwehr heraus, allerdings fehlen ihm sowohl die Ideen als auch die Präzision. Geld schießt keine Tore, und die Wahrheit liegt auf dem Platz. Und die Wahrheit sagt: Nur noch wenige Sekunden Spielzeit.

Aus die Maus! Es sollte nicht sein mit der Überraschung. Der Deckel ist drauf. Die deutsche Bundesregierung konnte die Stars des Auslands nicht überzeugen und verliert mit 0 zu 2. Eine schwere Klatsche für das internationale Ansehen! Verdient oder unverdient? Das fragt später niemand! Der Mannschaft kann man jedenfalls keinen Vorwurf machen. Man kann immer nur so gut spielen, wie der Gegner es zulässt. Trotzdem kein schöner Tag für den Fußball, kein Spiel auf hohem Niveau. Müsste man ehrlich sein, käme dieser Partei, äh, Partie keine Bedeutung zu. Das Spiel war unnötig, überflüssig und sollte morgen in keiner Zeitung stehen. Wie die Trainer das Match gesehen haben, fragt mein Kollege Udo Stiehl sie besser selber im Studio.

Katakombenkaraoke

Willkommen zurück, und nun muss das eben verfolgte Spiel noch von allen *80 Millionen Bundestrainern* durchgehechelt werden. Die haben vorher natürlich auch ihre Tippscheine ausgefüllt. In der großen weiten Welt des Fußballs können inzwischen Wetten auf alles Mögliche abgeschlossen werden. Längst geht es nicht mehr nur um das Ergebnis, sondern Kasse macht auch der, der Tore auf die Spielminute genau vorhersagt, die Anzahl gelber und roter Karten richtig tippt oder gar korrekt die Menge der Eckstöße prognostiziert. Auf die Gefahr hin, dass wir jetzt eine lukrative Geschäftsidee aus der Hand geben: Die Wettbüros haben eine Marktlücke noch nicht entdeckt. Wo bleibt der Tippschein für die Spielanalyse?

Was wären das für Gewinnquoten, würde es gelingen, die Worte von Spielern und Trainern nach dem Schlusspfiff vorherzusagen! Stellen Sie sich vor, der Torwart erscheint vor der Kamera und Sie können live und parallel seine Worte mitsprechen: Es habe »nicht nur individual-taktische, sondern auch individuelle« Fehler gegeben. Woran mag es gelegen haben? Könnte es der Gegner gewesen sein, wie dieser Trainer treffend analysiert?

»In den ersten beiden Spielen hat immer etwas gegen uns gespielt«, lässt er uns wissen. Nun gut, das ist eine Möglichkeit, die Niederlage zu erklären. Es könnte aber auch ein psychologisches Problem sein, folgt man diesen Worten: »Die Mentalität unserer Mannschaft ist Wahnsinn!« Wenn die Spieler also des Wahnsinns fette Beute wurden, dann wundert kaum, was dieser Teamchef vom Spielfeldrand beobachtete: »Bei mir ist die 25. Minute der Schnittpunkt des Spiels. Aus unerfindlichen Gründen haben wir das Fußballspielen ab diesem Zeitpunkt eingestellt.« Da kann einem glatt schwindelig werden – und das kommt wohl auch in der

Mannschaft vor: »Der Negativstrudel nach Rückschlägen ist bei uns immer da«, ist zu hören. Oder um es mal etwas positiver zu formulieren: »Wir haben fantastisch gespielt, nur das Ergebnis stimmt nicht.« Interessant, was so mancher Profi unter fantastischem Fußball versteht, wenn er als Verlierer vom Platz geht.

Positiv denken und die Niederlage als Chance begreifen mag sich manch einer vornehmen, wenn er eine Erklärung für das verlorene Spiel geben soll. Und da hat der versierte Trainer doch ein ganzes Feuerwerk an Statements vorbereitet, deshalb sagt er natürlich nicht, man habe miserabel gespielt oder der Gegner sei viel besser gewesen. Nein, so geht das: »Das Spiel war eine wichtige Erfahrung für meine Mannschaft.« Wer wollte da widersprechen! Und jetzt noch einen draufsetzen: »Wir haben von Anfang an gezeigt, dass wir das Spiel gewinnen wollen.« Und ohne auch nur den Begriff »Niederlage« zu erwähnen, folgt die große Schlussformel: »Wir spielen einen ansehnlichen Fußball. Da werden die Siege automatisch kommen.« Heureka! Werden in der Bundesliga künftig die Punkte nach Schönheit vergeben?

»Die Spekulationen sind verfrüht«, ließe sich an dieser Stelle einfügen – und dieser kleine Satz hat es in sich. Denn unsere Vermutung, die Bundesliga-Tabelle ordne sich demnächst nach Schönheitspunkten, wird damit nicht nur als Spekulation abgetan und somit zurückgewiesen. Es wird auch gleich noch in Aussicht gestellt, dass später sehr wohl noch spekuliert werden darf – was vermutlich gar nicht im Sinne des Erfinders dieses Satzes ist.

Da sind doch die klaren Worte dieses Spielers versöhnlich. Er verschoss einen Elfmeter und versprach kurz und bündig: »Ich werde der Mannschaft einen ausgeben.« Prost zum Trost! Oder anders gesagt: »Die Stimmung müssen wir jetzt mitnehmen in die nächsten Wochen.«

Wussten Sie, dass fast kein privater Radiosender in Deutschland mehr eigene Nachrichten macht? *Outsourcing* ist nämlich wesentlich günstiger, als sich eine eigene Nachrichtenredaktion zu leisten. Die Nachrichten kommen von einer fremden Audioagentur – und werden meist weit entfernt vom Sendegebiet »geliefert«. Als Audio-Datei erhält der Sender die Nachrichten wenige Minuten vorher, der Server importiert sie automatisiert ins Computersystem, und der Moderator kündigt den Sprecher dann als live an, was doppelt dreist ist: Weder ist das »News-Update« live, noch ist der Nachrichtensprecher im Sender.

Diese eingekauften Nachrichten können Sie unter anderem daran erkennen, dass sie seltener aktualisiert werden, selten einen Bezug zu der Region haben und der Sprecher – einfach mal googeln – 500 Kilometer entfernt vom Studio wohnt und arbeitet. Amüsant wird es, wenn die Technik spinnt und stundenlang die gleichen Nachrichten abspielt, was häufiger passiert, als Sie glauben. Oder wenn die Schnitte zwischen den Meldungen nicht sauber sind.

Schätzen Sie mal, wie viel diese eingekauften Nachrichten von einer Audioagentur monatlich kosten? Überlegen Sie sich, wie viele Journalisten man für einen 24-Stunden-Betrieb bräuchte, Technikkosten, Lizenzkosten für die Presseagenturen und so weiter. Es sind etwa 1000 Euro netto. So wenig müsste beispielsweise ein normaler Berliner Hörfunksender bei einer Firma in Kiel bezahlen, um 24/7, also rund um die Uhr und für einen Monat Nachrichten zu bekommen. Die Reinigungsfirma kostet den Sender vermutlich mehr. Es herrschen seit Jahren Dumpingpreise, und die verbliebenen Agenturen versuchen sich ständig zu unterbieten. Dass die Qualität sinkt, ist die logische Konsequenz.

Ein Berliner Dienstleister versorgt beispielsweise zehn Prozent aller Radiosender in Deutschland – mit einem Redakteur pro achtstündiger Schicht ohne Pause. Das ist übrigens auch ein Grund, weshalb oft von diesen Zulieferern nur alle zwei Stunden eine neue Nachrichtensendung erfolgen kann. Als Claim propagiert die Agentur: »Endlich gute Nachrichten«. Von diesen Firmen gibt es einige, und die Kunden, also die Radiosender, freuen sich, Kosten zu sparen.

Wintereinbruch

Wenn der Mann im Radio erzählt, dass die Menschen in den höheren Lagen besonders eiskalt von der Schneefront erwischt worden seien, dann kann das nur eines bedeuten: Wintereinbruch. Völlig überraschend und höchstens seit drei Tagen in allen Wettervorhersagen erwähnt, rieseln Schneeflocken vom Himmel. Mitten im Winter! Und dann bricht die Lawine los. Natürlich nicht am Steilhang, da hätte schon einiges mehr an Schnee fallen müssen, sondern im journalistischen Flachland. Dieses jährliche Medienspektakel ist akribisch vorbereitet worden.

Phase eins beginnt schon im Sommer(loch), wenn aus allerlei Bauernweisheiten Prognosen über weiße Weihnachten zusammengesponnen werden. Kein Meteorologe der Welt kann das Wetter auf ein halbes Jahr vorhersagen. Selbst bei einer Prognose für drei Tage erreicht die Wahrscheinlichkeit, richtig zu liegen, gerade mal 75 Prozent. Phase zwei bricht an, wenn erste Herbststürme zum Killer-Orkan hochgeschrieben werden, um scheinheilig zu fragen, ob das wohl erst der Anfang sei. Schließlich folgt Phase drei, in der konsequent vom Winter gesprochen wird, obwohl der erst am 21. Dezember beginnt. Zusätzlich taucht in den Wetterberichten bei Temperaturen unter null Grad automatisch ein Hinweis auf, der wohl nur von so genannten Helikopter-Eltern stammen kann: Achtung, es kann glatt werden! Bitte fahren Sie vorsichtig!

In einer Zentralen Dienstvorschrift (ZDv) gibt die Bundeswehr im freundlichen Behördendeutsch bekannt, dass das positive Beschleunigen von komprimiertem und kristallisiertem Wasser in militärischen Liegenschaften verboten ist. Es geht hier um Schneebälle – darauf muss man erst mal kommen. Und weil es wohl nicht ausreicht, auf diese Weise in anderer Leute Nasen zu bohren, muss schon in Kürze mit der nächsten Eskalationsstufe der medienaffinen Meteorologen gerechnet werden: Schönwetterwarnungen. Achten Sie im Frühjahr darauf, dass Schneefall durch steigende Temperaturen in Regen übergehen kann. Dann besteht *Aquaplaninggefahr*, außerdem ist mit umgestürzten Maibäumen zu rechnen, und nehmen Sie sich vor liebestollen Menschen mit Frühlingsgefühlen in Acht. Auch auf dem Zebrastreifen. Achtung, es kann warm werden! Bitte fahren Sie vorsichtig!

Im Sommer bitte unbedingt auf dringende Hinweise auf erhöhte Hautkrebsgefahr durch UV-Strahlen achten, sowie auf drohende Körperdehydrierung durch zu wenig Wasser und auf die Unfallgefahr durch blendende Sonnenstrahlen. Achtung, es kann heiß werden! Bitte fahren Sie vorsichtig! Dann sind da noch die Herbstgefahren: Herabstürzendes Laub bedroht bremsende S-Bahnen, die erst weit hinter der Haltestelle auf dem unbeschrankten Bahnübergang zum Stehen kommen, während arglose Autofahrer von beschlagenen Windschutzscheiben ausgebremst werden und drohen, mit einem Bein im Grab zu landen, also BITTE FAHREN SIE VORSICHTIG! Oh, Entschuldigung, die Umschalttaste klemmte.

Der Wintereinbruch kommt leider in den besten Redaktionen vor, seitdem das Wetter als ständiges Nachrichten-thema entdeckt wurde, weil es ja so nah am Menschen ist. Also: Keine Angst vor *Pollenpanikfrühjahrsfolter, Hitze-horrorsiedesommer, Laubsaugerlärmherbsthölle* oder *Grusel-glatteiswinterwahnsinn.* Das ist alles viel zu lang für eine Schlagzeile. Achtung, es kann Hagelschäden bei Redakteu-ren geben! Bitte lesen Sie vorsichtig! Immer.

Knapp vorbei ist auch daneben

Wenn sich die Ereignisse mal wieder überschlagen, dann trägt auch die Logik manchmal ein Schleudertrauma davon. Eilig wird berichtet, rasch etwas getextet, und verständlich soll es natürlich trotzdem sein. Das Ergebnis könnte man als »gefühlt irgendwie richtig« bezeichnen, im Sinne von »Sie wissen schon, was ich meine«. Überfall! Ein Juwelier wird ausgeraubt, innerhalb von wenigen Minuten sind die Vi-trinen leer und die Täter spurlos verschwunden. Kurze Zeit später meldet das Radio: »Die Maskierten erbeuteten nach Angaben der Polizei Schmuck und Uhren *im sechsstelligen Bereich.*« Donnerwetter, möchte man staunen, so viel Zeug! Sind die gleich mit dem Sattelschlepper vorgefahren? Oder will die Polizei eher den Wert der Beute mitteilen, weiß es aber nicht genau und nennt deshalb sicherheitshalber keine Währung? Vielleicht war es auch nur ein besonders gut zu-bereiteter Weihnachtspunsch auf dem Redaktionstisch.

Mit dem sollten wir auf jeden Fall anstoßen, und zwar auf die *Frauen-Weltmeisterschaft*. Denn das hat es bisher auch noch nicht gegeben: Endlich ein globaler Wettbewerb um den höchsten Titel im Frausein. Diese Frauen-Weltmeisterschaft kommt neuerdings häufiger ins Gespräch, weil es schick geworden ist, möglichst noch kürzer und kompakter zu formulieren. Da fällt dann schon mal die Sportart weg – und übrig bleibt ein neues Thema für engagierte Feministinnen.

In der daraus folgenden Debatte wird die frisch gekürte Weltmeisterin möglicherweise eine »Sandwich-Position« einnehmen. Nein, das ist keine sexistische Anspielung, wo denken Sie hin? Bei dem Begriff handelt es sich vielmehr um ein weiteres »cooles Wording« aus der Management-Ebene. Was einst mit schnöden Holzmöbeln ins Bild gesetzt wurde, ist nun mit Salat und Dressing garniert. Und da sitzt man eben nicht mehr zwischen den Stühlen, sondern findet sich inmitten zweier Brötchenhälften wieder. So einfach wird aus einem ohnehin schon tiefergelegten Herrenwitz ein frisch lackiertes Schenkelklopferchen.

Und wenn wir schon dabei sind, im Bodensatz zu schnorcheln, dann darf eine Produktbezeichnung nicht fehlen, deren Erfinder auf ewig in der Worthölle schmoren möge. Sie haben sicher schon einmal diese Rucksäcke gesehen, die nur einen Riemen haben und quer getragen werden. Das ist ein »Bodybag«. Der Name wurde vermutlich gewählt, weil sich der tragbare Sack besonders an den Körper anschmiegt. Unglücklich nur, dass es in den USA solche Säcke schon viel länger und viel größer gibt. Über den Tragekomfort ist nichts überliefert, auch Kundenrezensionen gibt es keine – und das ist auch durchaus verzichtbar. In den USA ist der *Bodybag* nämlich ein Leichensack.

Mit

Den Kaffee gerne »mit ohne« Zucker. Dieser Büro-Brüller ist so etwas wie die Eintrittskarte für das kostenlose Scherzartikelmuseum. Mit *mit* ist manchmal besser als ohne *mit*, also *mit ohne* – das wäre sicher ein Prachtstück für die Ausstellung. »Mit« lässt sich mit vielem kombinieren, mit Sicherheit oft sogar sinnvoll. Ein Bewerber hat beispielsweise Mitbewerber, wenn er in Konkurrenz zu anderen Bewerbern steht. Dennoch hat er keine Mitkonkurrenten, denn das liefert der *Konkurrent* schon inklusive. Klingt aber schön wuchtig, deshalb geht die Logik gelegentlich über Bord, und schon ist man an so einer Formulierung *mitbeteiligt*, oder? Auf jeden Fall ist man beteiligt, das »mit« sparen wir uns für andere lustige Dinge.

Wir könnten einen Spaziergang machen. Je nach Prominenz landen wir allein damit auf den Titelseiten der Klatschpresse, so wie vor einiger Zeit ein verurteilter Steuerbetrüger namens Hoeneß. Der hatte sich nicht nur über die schmeichelhafte Formulierung Steuersünder gefreut – in Anbetracht einer zweistelligen Millionensumme durchaus nachvollziehbar –, sondern auch über den ersten Freigang.

Das mit der Presse hat auch funktioniert, und so entstand die legendäre Schlagzeile: »Neujahrsspaziergang mit Ehefrau und Jogginghose« – Nur, was hatte er an?

Zum Glück war die Presse gut vorbereitet (worden) und ein Fotograf rechtzeitig vor Ort des Geschehens. Der viel beachtete Sünder machte seinen Neujahrsspaziergang tatsächlich mit Ehefrau, aber *in* Jogginghose, wie das Titelbild dokumentierte. Manche Schlagzeilen sind einfach zu kurz für die schlabbernde Wahrheit.

Überhaupt ist das nicht immer einfach mit den Überschriften, also mit dem »mit« in den Überschriften – na, sehen Sie selbst: »Polizist kontrolliert Autofahrer mit 3,1 Promille.« Hossa! In dem Zustand sind nicht viele Streifenbeamte unterwegs, und das Blaulicht erlangt auch eine ganz neue Bedeutung. Es muss aber nicht immer Schnaps sein, das funktioniert auch mit harten Drogen: »Ermittler findet Dealer mit 2,5 Kilogramm Kokain.«

Wenn doch nur ein Fernsehteam dabei gewesen wäre. Wir sehen schon die Kamerafahrt entlang der feinen weißen Spur, der der Täter bis in die Arme des Polizisten folgte.

Aus dem Kabinett der sprachlichen Köstlichkeiten lassen sich sogar Rätsel basteln. Hier kommt die Textaufgabe, original zitiert aus einer Polizeimeldung: »Audi A3 rammt 4 m² großes Loch in Hauswand mit 1,5 Promille.« Was ist passiert?

Hier ist scharfsinnige Ermittlungslogik gefragt. War der Audi betrunken? Oder die Hauswand alkoholisiert? Kann man ein Loch rammen, obwohl es so groß ist, dass ein Auto hindurchpasst? Und wo ist eigentlich der Fahrer? Hat der vielleicht auch das fehlende Komma bei sich? Nur eines ist sicher: Wir wissen, warum fast alle Polizeimeldungen mit den Worten enden: Die Ermittlungen dauern an.

Das Bild hängt schief

Werfen wir mal einen Blick auf Ihre Erwartungshaltung oder, genauer gesagt, auf das, was Ihnen täglich als solche verkauft wird. Da endet ein viel beachteter Gerichtsprozess, und das Radioprogramm Ihres Vertrauens meldet, das Urteil werde *am* Freitag erwartet. Aha, dann erwarten wir also am Dienstag, Mittwoch und Donnerstag nicht, dass es ein Urteil geben wird? Streng genommen wurde schon von Beginn des Verfahrens an ein Richterspruch erwartet – schließlich steht das in den meisten Fällen am Ende des Prozesses. Die kalendarische Verwirrung löst sich auf, wenn unser zitiertes Radio die Meldung frisch korrigiert noch einmal sendet: Das Urteil werde *für* Freitag erwartet. Hätten wir diese Erwartungshaltung also schon mal erfüllt.

Und was da wieder in der Zeitung steht: »Die Schuhindustrie hat mehr Absatz!« Brüller, oder? Nein, im Ernst. Das ist schon eine Überschrift, die Spaß macht, weil sie einmal um die Ecke gedacht ist. Natürlich ist sie mindestens sechs Fußballfelder von einer Nominierung zum Pulitzer-Preis entfernt. Aber – ganz ehrlich – solche Wortspiele gelingen den meisten Kollegen, wir schließen uns da absolut mit ein, wenn auch nur alle Schaltjahre mit Westwind und Bodenfrost.

Und so gerät auch in etablierten Nachrichtensendungen beim Versuch eines schönen Sprachbilds ein Airbus A380 in Turbulenzen, obwohl das Unternehmen doch mit dem neuen Modell durchstarten wollte. Nun ist das mit dem Durchstarten so eine Sache, denn Piloten rufen einen Go-Around wenige Meter über dem Boden ganz bestimmt nicht aus, um Gewinne zu steigern. Sie wollen eine sichere Landung und einen erfolgreichen Abschluss ihres Fluges. Und hätte der Riesenvogel auch Rückenwind – das Bild würde davon auch nicht geradegerückt, denn eine Landung wäre dann ebenfalls kaum möglich. Flugzeuge landen stets im Gegenwind.

Was in der Luft mit Aufwind, Sturzflug und anderen trudelnden Wortmalereien zum verbalen Strömungsabriss führt, gelingt auch am Boden oft nicht eleganter. Ein Blick in den Wirtschaftsteil offenbart: »In Rottenacker stehen die Weichen bald wieder auf Halt.« Das Zitat ist nicht erfunden. Es ging in dem Bericht um die frohe Kunde, dass Züge den Bahnhof künftig wieder anfahren. Das steht so im neuen Fahrplan, und die Hoffnung ist groß, dass der Lokführer das weiß. Nur Weichen, die »Halt« signalisieren, die müssen erst noch erfunden werden. Im Bahnhof von Rottenacker werden also wohl die Signale bald wieder auf Rot stehen, damit der Zug auch wirklich anhält. Doch das klingt eher nach Stillstand als nach Fortschritt.

Eine weitere spannende Meldung kommt aus Bokholt-Hanredder: Die lokale Presse titelt: »Grünes Licht für Bahn-

schranken.« Steht da eine Revolution in der Straßenver-
kehrsordnung bevor? Zugegeben, so eine Überschrift macht
neugierig. Das grüne Licht gab allerdings die Gemeindever-
tretung, und zwar einstimmig und per Handzeichen. An der
neuen Bahnschranke wird es nur eine Farbe an der Ampel
geben: Rot.

In noch bedrohlichere Schieflagen können Bilder geraten, wenn sie ins Persönliche gehen – auch ganz ohne böse
Absicht. In einer Schlagzeile wurde vor einiger Zeit der
Politiker und Rollstuhlfahrer Wolfgang Schäuble im Regen
stehen gelassen. Und der doppelt unterschenkelamputierte
Sportler Oscar Pistorius stand einem Pressebericht zufolge
während seines Gerichtsprozesses mit einem Bein im Gefängnis. Da bleibt einem schon das Lachen im Halse stecken. Aber der Zahn der Zeit wird Gras über die Wunde
wachsen lassen.

Katastrophe

Was für eine Katastrophe. Oder doch besser mit Fragezei-
chen? Was für eine Katastrophe? Beides trifft zu, wenn die
Schlagzeilen mal wieder in besonders großen Lettern erscheinen. Denn wenn es darum geht, Aufmerksamkeit zu
erzeugen, sind wir Redakteure genauso fantasievoll wie
schnell dabei, von einer Katastrophe zu sprechen.

Was die gute alte Else Kling in den Anfangszeiten der

Fernsehserie *Lindenstraße* als Klatschtante im Treppenhaus schaffte, dem stehen wir Profis in nichts nach. Leider. Zum Beispiel bei Hochwasser. Ein Fluss tritt über die Ufer, Keller laufen voll, und Autos saufen ab. Die Sachschäden sind beträchtlich, Menschen kommen in den meisten Fällen nicht zu Schade. Else Kling würde keine Sekunde zögern, von einer Katastrophe zu sprechen. Und wir Redakteure wissen: Mit »Überschwemmung« oder »Hochwasser« lässt sich keine Auflage machen. Das Wort »Hochwasser« ohne dramatisierende Erweiterung ist kein Hinhörer mehr.

Selbst schuld, würde Else sagen, was müsst Ihr Medien mit der »Katastrophe« auch so inflationär um euch werfen! Die alte Kling hat recht. Man schließt sich zwar selten keifenden Klatschbasen an, die ihren Ohrenabdruck schon an sämtlichen Wohnungstüren hinterlassen haben. Aber wenn in Artikeln inzwischen schon von »*echten* Hochwasserkatastrophen« geschrieben wird, um sie vom Klatschniveau zu unterscheiden, dann haben wir Redakteure uns komplett entlarvt. »Echte« Katastrophen also. Was bedeutet, dass andere Hochwasser dann wohl »falsche« Katastrophen waren oder, genauer gesagt, fälschlicherweise als Katastrophe bezeichnete Hochwasser. Die Liste der vermeintlichen Katastrophen und denen, die wirklich als solche gewertet werden müssen, ist natürlich wesentlich länger. Derselbe Mechanismus greift unter anderen auch bei Sturm-, Flut-, Schiffs- und Flugzeugkatastrophen. Da kann Ihnen die Else aus der *Lindenstraße* einen ordentlichen Vortrag zu halten.

Stürzt eine kleine Sportmaschine ab, und beide Insassen kommen ums Leben, wird – wie selbstverständlich – von einer Flugzeugkatastrophe und nur selten von einem Unglück gesprochen. Zum Vergleich: Der folgenschwerste Unfall (in der zivilen Luftfahrt und ohne terroristischen Hintergrund) ereignete sich 1977 auf Teneriffa. Damals stießen auf der Startbahn zwei Boeing-747 zusammen. 583 Menschen starben. Das ist wirklich eine Katastrophe.

Nur kann das heutzutage kaum mehr jemand unterscheiden. Das Etikett überstrahlt den Inhalt. Da muss schon dicker aufgetragen werden, z. B. mit dem Präfix »Jahrhundert«. Genau das tat ein Politiker, der auf die Folgen des Kriegs in Syrien aufmerksam machen wollte und die steigende Zahl der Flüchtlinge als »Jahrhundert-Katastrophe« bezeichnete. Schon wieder einer, der das ganz große Besteck auflegt, ohne wissen zu können, welche Katastrophen dieses noch sehr junge Jahrhundert in Zukunft bereithält. Erst bei näherer Betrachtung wird klar: Es blieb ihm kaum eine andere Wortwahl! Wenn sich mehrere Millionen Menschen auf der Flucht befinden, dann ist das eine Katastrophe.

Der Begriff reicht aber heutzutage nicht mehr aus, um die Dimension korrekt darzustellen, erst recht nicht bei treuen Lesern von Zeitungen mit Überschriften in 180-Punkt-Größe. »Katastrophe« ist so verschlissen durch den ständigen Gebrauch in Presse und Öffentlichkeit, dass es ohne wortgewaltigen Zusatz nicht mehr geht. Ja, Sprache entwickelt sich. Und wir Redakteure haben in diesem Fall einen wenig hilfreichen Teil dazu beigetragen. Wir können jetzt so weitermachen und darauf warten, bis die *Jahrtausend-Katastrophe* zum Standardvokabular wird. Schließlich wollen wir Ihre Aufmerksamkeit erregen, denn wir leben von der Reichweite. Wir könnten aber auch unseren Einfluss auf die Sprache in umgekehrter Richtung nutzen und häufiger fragen, ob es nicht auch eine Nummer kleiner geht. Auch wenn Else das als »Schmarrn« abtun würde.

Todeskandidat

Der Kandidat hat 99 Punkte. Vielleicht wird er Deutschlands neuer Superstar. Oder Spitzenkandidat seiner Partei. Von Kandidaten und Kandidaturen ist nicht nur im Showgeschäft und während Wahlkämpfen permanent die Rede. Eigentlich in allen Branchen bewerben sich Menschen um Preise, Positionen und Posten. Weil es meist mehr Bewerber als Plätze gibt, dreht sich dann das vielzitierte Kandidatenkarussell. Dieses kunterbunte Fahrgeschäft steht auf dem medialen Rummelplatz nicht allein. Gleich daneben auf der Chefsesselkirmes dreht sich das Personalkarussell, für Sportinteressierte gibt es ein Trainer- und ein Spielerkarussell, und die Wirtschaft hat längst ihr Managerkarussell aufgestellt. Das Sprachbild des Karussells, auf dem sich die Kandidaten drehen, ist an sich sehr gut. Allerdings werden gute Bilder nicht besser, wenn sie im Dauereinsatz sind. Im Gegenteil: Sie nutzen sich ab und verlieren ihren Glanz.

Noch schlimmer wird es, wenn sensible Themen auf diese Weise sprachlich bebildert werden. Dann sitzt auf dem Karussell plötzlich ein Todeskandidat. Passt das zusammen?

Ist der zum Tode verurteilte Häftling wirklich ein Kandidat? Ja, sagt zum Beispiel der Duden. Das Standardwerk definiert, es handle sich um jemanden, »dem der Tod nahe bevorsteht«. Bei einem Menschen, der auf die Vollstreckung seines Todesurteils wartet, mag das faktisch stimmen. Andererseits beschreibt der Begriff Kandidat eine Person, die sich »um etwas bewirbt, sich zur Wahl stellt«, wie der Duden konträr dazu schreibt. Eine Person, zu der noch keine Entscheidung gefallen ist, schließlich kandidiert er ja noch. Und welches Bild entsteht durch diese Wortwahl? Hat sich der Todeskandidat etwa dafür beworben, dass sein Leben beendet wird? Steht der Vollstrecker des Todesurteils vor den Kandidaten und wählt aus?

In einigen Redaktionen sind inzwischen Zweifel aufgekommen. Sie meiden es, von Todeskandidaten zu sprechen. Der Begriff übermittelt eine falsche Anmutung. Deshalb kehren sie zu den Fakten zurück. Sie berichten über »den zum Tode verurteilten Häftling«, »den Verurteilten, dem die Todesstrafe bevorsteht« oder über den »Häftling, der hingerichtet werden soll«. Andere Redaktionen buhlen mit falschen Bildern weiterhin um Auflage, Quote und Ihre Aufmerksamkeit. Das verraten sie aber schon auf den ersten Blick. Einfache Regel: Das Misstrauen der Leser sollte mit der Schriftgröße wachsen.

Aktuell

Klappern gehört zum Handwerk, und gerade im Wettbewerb um die schnellste Information wird es gelegentlich wortgewaltig. Es wirkt jedenfalls so, und das ist auch beabsichtigt. Das gilt nicht nur für die üblichen Verdächtigen, also Medien in all ihren Papier- und Elektronik-Varianten, sondern auch für alle anderen Anbieter, die meinen, durch besondere Formulierungen ganz weit vorn zu sein.

Was will uns eine führende deutsche Tageszeitung sagen, wenn sie ihre Internetseite betitelt mit »aktuelle Nachrichten«? Wären wir auf der Suche nach »nicht aktuellen Nachrichten«, hätten wir vermutlich eher das Archiv aufgerufen. Auch in dieser Redaktion trifft täglich der »aktuelle Polizeibericht« ein. Was sollten die Redakteure auch mit einem »alten Polizeibericht« anfangen?

»Aktuell ist es 13.30 Uhr«, sagte die Moderatorin im Radio, und man mag sich kaum ausdenken, was für einen großartigen Moment der Aufmerksamkeit sie bekommen hätte, würde sie stattdessen mal die inaktuelle Zeit ansagen. Stellen Sie sich vor, Ihr Radiowecker schaltet sich um sieben Uhr pünktlich ein, und die Nachrichten beginnen mit der Zeitansage: »Bald acht Uhr«. Da sitzen Sie aber schlagartig senkrecht!

Bei einem anderen Sender serviert Ihnen das fröhliche Moderatoren-Duo *aktuelle Temperaturen*, und wir dürfen dankbar sein, dass wir hier auch noch mal knapp an ollen Kamellen herumgekommen sind. Das besagte Rundfunkprogramm setzt nach dem Wetter übrigens noch einen drauf – und zwar: *aktuelle Blitzer*. Wollen wir mal hoffen, dass das so stimmt und die Polizei wirklich nur mit den neuesten und modernsten mobilen Anlagen die Geschwindigkeiten misst.

Eher ins Widersprüchliche wandelt sich der Eindruck, wenn einem die Bahn »aktuelle Fahrplaninformationen« verspricht. Es wäre erstens sehr ungünstig, wenn der Fahrplan nicht aktuell wäre, und zweitens ändert sich selbst bei einer Verspätung der Fahrplan nicht – wenn schon, dann wäre eine »aktuelle Verspätungsinformation« das Gebot der Stunde. Aber das Wort »Verspätung« wird bei der Bahn bekanntermaßen mit spitzen Fingern angefasst. Zum Glück weiß trotzdem jeder, was gemeint ist. Das ist ja das Schöne an Sprache, die eben auch funktioniert, wenn die Bedienungsanleitung dafür nicht ganz verstanden wurde.

»Sind Sie die Bratwurst, oder hatten Sie das Schnitzel?« ist zwar kompletter Unsinn. Trotzdem landet das bestellte Essen korrekt vor den Gästen.

Das gilt auch für das Verständnis eines Mammut-Bahnstreiks, über den – wie stets – aktuell berichtet wird, schließlich ist es ja auch der aktuelle *Mammut-Bahnstreik*. Das Viech ist zwar längst ausgestorben, weigert sich aktuell aber standhaft, einen Zug zu besteigen. Ganz schön clever, so ein Mammut. Und es steht nicht alleine da: Auch Riesen, Mega und Wahnsinn sind mit von der Partie und wollen nicht auf der Schiene reisen. Sie sind wild entschlossen, ihren *Riesen-Mega-Wahnsinns-Mammut-Bahnstreik* durchzuziehen. Gewerkschaftsfunktionäre erblassen aktuell vor Neid.

Rücktritt vom Rücktritt

Aus analogen Zeiten ist die Weisheit überliefert, nichts sei so alt wie die Zeitung von gestern. Das klingt auch heutzutage noch wie der Spruch aus einem Kalender von der Resterampe, aber bekommt in digitalen Zeiten eine neue Bedeutung. Denn was einst nur einmal täglich frisch gedruckt erschien, funktioniert heute im Sekundentakt. Und das bekommen auch die Zeitungen ganz ohne Papier und Druckerschwärze hin.

Das Zauberwort heißt Online – und zwar auf allen Kanälen – egal, wo sich der Leser jetzt schon wieder herumtreibt. Am besten wird die Eilmeldung direkt auf den Schirm des Handys geschickt, der ist allerdings ziemlich klein, und deshalb muss es schnell gehen. Sehr schnell. Gewiefte Redakteure schreiben deshalb die Meldung »kalt«, also so, als wäre die Geschichte schon passiert, damit nur noch ein Mausklick reicht, um die Information in das Medienuniversum zu schießen. Nur beim Inhalt passieren gelegentlich Unfälle, da wurde der Redakteur von seiner Geschwindigkeit dann glatt aus der Kurve getragen. »Johannes Heesters im Alter von xxx Jahren gestorben«, wurde schon eilig veröffentlicht. Die Eilmeldung war vermutlich wirklich die schnellste ihrer Sorte – und leider auch die schlimmste. Kleiner Tipp aus dem Nähkästchen: Falls Ihnen mal ein so genannter Stehsatz zukommt, dann halten Sie den Beweis dafür in der Hand, dass mal wieder »kalt« geschrieben wurde und der Chefredakteur rasch ein Mitarbeitergespräch einberufen wird.

Ist im Beispiel des Heesterschen Ablebens zumindest die Information richtig, kann so eine eilige Eilmeldung gelegentlich aber auch schlicht falsch sein. Das erkennen Sie auf den ersten Blick nicht, dafür lernen Sie aber möglicherweise etwas über die Sprachkenntnisse des Journalisten am Ort des Geschehens. Als Joseph Blatter in Zürich kundtat, er beabsichtige, bald sein Amt als FIFA-Präsident abzugeben, tat er dies auf Französisch. Und weil er irgendwas mit Rücktritt gesagt hatte, schossen die längst vorgetexteten Eilmeldungen heraus: »Blatter zurückgetreten!« Möglicherweise war bei einigen Reportern auch der Wunsch Vater des Gedankens, jedenfalls stimmte die Meldung so nicht. Blatter hatte sich nämlich ein Hintertürchen offen gehalten und geschickt formuliert: »Daher habe ich entschieden, mein Mandat bei einem außerordentlichen Wahl-Kongress niederzulegen. Ich werde meine Funktionen als FIFA-Präsident bis zu dieser Wahl weiter ausüben.« Das Wort Rücktritt hatte der Sepp, der eigentlich Joseph heißt, gar nicht benutzt. Und geschickterweise auch kein Datum für die Sondersitzung genannt.

Mit anderen Worten: Er könnte es sich auch noch anders überlegen, auch wenn einige Presse-Korrespondenten ihn schon in ihren eiligen Meldungen zurückgetreten hatten.

Action!

»Ruhe bitte! – Ton ab!«

»Läuft.«

»Kamera ab!«

»Läuft.«

»Klappe!«

»Luftpumpe, die Erste.«

»Und: Action!«

Der Regisseur lässt eine Einstellung drehen, in der sich nichts und niemand bewegt. In dieser Szene stehen sich schweigend zwei Personen gegenüber. Nach zehn Sekunden ruft er »Danke!«, und die Szene ist im Kasten. Eine Schlüsselszene, nicht nur in dem Film. Auch für eifrige Wortklempner, die daraus ableiten: Auch wenn nichts passiert, ist es *Action*. Hat der Regisseur doch selbst gesagt. Und so ist es inzwischen zum müden Standard geworden, alle möglichen Ereignisse verbal zu beschleunigen – mit Aktion.

Tausende Menschen ziehen durch die Stadt, halten Transparente hoch und demonstrieren. Ein Protest? Nein, das reicht nicht. Protestaktion, so wird's lebendig. Schließlich zahlt man mit gleicher Münze zurück, richten sich doch die Proteste gegen das Aktionsprogramm der Bundesregierung, das wahlweise auch als Aktionsplan gepriesen wurde. Die Feuerwehr ist im Einsatz, fährt die Drehleiter aus und rettet Menschen aus dem Dachgeschoss. Eine Rettung? Ja, schon. Aber Rettungsaktion, na ja, dramatische Rettungsaktion, das klingt doch mal nach einer Geschichte. Und wozu liegen denn die ganzen Aktionspläne in der Schublade?

Tiere gehen immer – das wissen Boulevardjournalisten aus Erfahrung. Aber süße Bilder von dem kleinen Racker reichen natürlich nicht aus, trotz Farbdruck und Dackelblick. Und so wurde in einer Zeitung in München aus einer schlichten Suche, bitte ergänzen Sie sinngemäß, eine große Suchaktion nach dem vermissten Liebling.

Dramatisierung ist eine Sache, Verharmlosung eine andere. Die Aktion machen sich auch Schönfärber zu eigen, zum Beispiel, wenn es um Kriegseinsätze geht. Kampfflugzeuge sind im Einsatz und bombardieren ein Gebiet, möglicherweise werden Menschen getötet. Man könnte von *Bombenangriffen* sprechen. Die Rede ist aber ganz nebelig von einer Militäraktion.

Das ist die eine Seite der Skala, die ernste Seite. Am anderen Ende allerdings bilden sich herrliche Stilblüten, die lassen sich ganz leicht züchten. Verbinden Sie einfach Begriffe mit Aktion, die gar keinen Sinn ergeben. Wenn Sie geschickt sind, landen Sie damit sogar eine Schlagzeile. Wie einst in Nordrhein-Westfalen, als eine Aktivistin von Femen auf den Altar des Kölner Doms sprang. Nackt. Das zuständige Boulevardblatt zögerte nicht und meldete eine »Busen-Aktion«.

Kumpel

Wir Journalisten sind ja gerne ganz nah dran am Geschehen. Wird irgendwo ein roter Teppich ausgerollt, dann stehen wir Spalier, veranstalten ein Blitzlichtgewitter und machen kräftig Presserummel. Zugegeben, längst nicht alle Veranstaltungen sind so genannte »Schnittchen-Termine«, die die Kollegen natürlich besonders gern besuchen, weil dort neben dem Büfett mit Häppchen gleich noch passende Kaltgetränke unterschiedlicher Prozentklassen gereicht werden. Viele Ereignisse zählen eher zur Kategorie »Schwarzbrot«. Und da besteht eher wenig Aussicht auf Schnittchen und Schampus – vielmehr müssen komplizierte Sachverhalte einfach und verständlich erklärt werden.

Wie gut, dass einige Journalisten noch nebenberuflich als Bergleute tätig sind und sich entsprechend auskennen in der Branche – jedenfalls macht es diesen Eindruck. Schließlich sind die Damen und Herren immer und überall vor Ort. Was bedeuten würde, dass sie nahezu permanent unter Tage recherchieren, denn vor Ort ist das Ende des Stollens. Und diese Kollegen haben viele Kumpel. Die müssen einfach im Bergbau arbeiten, anders lässt sich nicht erklären, dass Journalisten von Kumpel sprechen, wenn sie Bergleute meinen. Die reden sich nämlich nur untereinander so an. Oder will sich der Redakteur da vor Ort bloß an die Kumpel ranschmeißen, damit der Artikel sympathischer wirkt? Nein, das wollen wir natürlich nicht unterstellen.

Obwohl: War da nicht neulich vom Feuerwehrfest die

Rede? Phrasenschublade auf, und siehe da – es gab sogar ein Feuerwerk. Nicht am Himmel, aber in der Zeitung. Der dickste Knaller war die Bezeichnung »Blauröcke«. Feuerwehrleute sind von dieser Wortwahl wirklich nicht begeistert, das können wir Ihnen versichern, denn das waren ursprünglich Soldaten. Und dass ein Journalist sie als Kameraden tituliert, dürfte ebenfalls kaum Freude erzeugen, es sei denn, er ist selbst Feuerwehrmann – bei der Bundeswehr.

Sie können diese Kumpelei auch mit einem sehr effektvollen Experiment selbst ausprobieren. Sprechen Sie einfach an der nächsten Ecke einen Polizisten Ihrer Wahl mit der Zauberformel »Na, Kollege!« an. Wenn Sie Glück haben, verlangt er nur Ihre Dienstmarke – wenn Sie Pech haben, Ihren Ausweis.

Sehr unterhaltsame Ergebnisse erzielen Sie im Selbstversuch – und das ist eine wahre Begebenheit – bei der Bankberaterin. Die hat meist einen klangvollen Titel auf der Visitenkarte, in diesem Fall handelte es sich um eine *Senior-Assistentin*. Sie haben nun zwei Möglichkeiten: Wenn Sie die Wucht einer Handtasche spüren möchten, dann sagen Sie zu der freundlichen Dame: »So alt sehen Sie doch noch gar nicht aus.« Mit der zweiten Variante bleiben Ihnen körperliche Schmerzen erspart, dafür erfahren Sie, ob sich die Senior-Assistentin schon einmal Gedanken über Ihren Titel gemacht hat. Die Losung lautet: »Sie sind noch gar nicht für mich zuständig, ich bin doch erst 35!«

Nachwort

Am Ende unserer kleinen Reise durch die wundersame Welt der Sprache lassen wir Sie hoffentlich nicht verunsichert zurück, um noch einmal eine Anleihe bei Thomas de Maizière zu nehmen. Mit Blick auf unseren Buchtitel freuen wir uns viel mehr, dass Ihnen unser Anliegen wichtig war – und Sie mit geschärftem Blick und gespitztem Ohr die alltäglichen Sprachlügen entdecken.

Übrigens hat so auch unser Projekt *Floskelwolke* seinen Anfang gefunden. Wir wollten herausfinden, ob es nur unser persönlicher Eindruck war, dass sich Floskeln, Phrasen und Formulierungen in Nachrichten so häufig wiederholen, oder ob sich mehr dahinter verbirgt. Das Ergebnis ist inzwischen zu einem stattlichen Glossar angewachsen, zu dem auch viele Leser beigetragen haben, die angeregt über ihre Fundstücke und Eindrücke diskutieren, denn Sprache lebt und entwickelt sich – und das finden wir selbst als Pedanten wunderbar! Unter www.Floskelwolke.de können auch Sie an den Diskussionen teilnehmen.

Danke

Unser letztes Wort soll an dieser Stelle ein Wort des Dankes sein. An die vielen Kollegen, die während der Arbeit am Buch mit Vorschlägen und Anregungen geholfen haben, und auch an die zahlreichen Leser der *Floskelwolke*, die uns mit Ihren Hinweisen und Diskussionen täglich anspornen.

Einen besonderen Dank von Sebastian Pertsch an seinen Großvater Dr. Dietmar Pertsch für die intellektuellen Impulse und an seine Freunde Benjamin George, Julia Wiedemann und Justus Münster für die großartige Unterstützung.

Einen besonderen Dank von Udo Stiehl an den DLF-Kollegen Reinhard Maria Monßen und die beiden WDR-Nachrichtenredakteure Reinhard von Struve und Eberhard Liefländer, die mit ihrer sprachlichen Präzision Generationen prägten.

Floskelwolke.de

Floskelwolke ist ein sprach- und medienkritisches Webprojekt, das die beiden Autoren Sebastian Pertsch und Udo Stiehl im August 2014 gegründet haben und mit dem sie den täglichen Gebrauch von Floskeln und Phrasen in deutschsprachigen Medien analysieren. Die Ergebnisse werden in einer Wortwolke und in Diagrammen dargestellt. Ein Glossar erläutert zusätzlich die Begründung für die Kritik an den Begriffen und bietet Alternativen an. Pertsch und Stiehl betreiben das nichtkommerzielle Projekt ehrenamtlich. Über *Floskelwolke.de* und die sozialen Netzwerke erreichen sie wöchentlich mehrere Zehntausend Leser.

Die Kritik war durchweg positiv: *Die Zeit* lobte den Start der *Floskelwolke* als »guten Tag für den Journalismus«, im *Tagesspiegel* zeigte man sich »begeistert«, und das renommierte Grimme-Institut bewertete das Webprojekt als »beispielhaft«.

Die *Floskelwolke* wurde 2015 mit dem »Günter-Wallraff-Preis für Journalismuskritik« ausgezeichnet, da sie »in innovativer Weise auf Unzulänglichkeiten, Fehler und Manipulationen in der Nachrichtensprache aufmerksam macht«. Im selben Jahr wurde sie auch für den begehrten »Grimme Online Award« nominiert.

Verblüffendes über echte und eingebildete Gefahren

Walter Krämer

Die Angst der Woche

Warum wir uns vor den falschen Dingen fürchten

Piper Taschenbuch, 288 Seiten
€ 9,99 [D], € 10,30 [A]*
ISBN 978-3-492-30184-8

Immer wieder verursachen sie uns schlaflose Nächte: aufgeregte Meldungen über erhöhte Dioxinwerte in Eiern, genetisch veränderte Pflanzen oder krebserregende Stoffe in Babyschnullern. Lebensmittelskandale werden aufgebauscht, gesundheitliche Risiken übertrieben, falsche Ängste geschürt. Wie können wir dieser Hysterie entkommen? Der Bestsellerautor Walter Krämer weist den Weg zu einem mündigen Umgang mit der »Angst der Woche«.

PIPER

Leseproben, E-Books und mehr unter www.piper.de